222 Keywords Logistik

T0208756

Springer Fachmedien Wiesbaden
(Hrsg.)

222 Keywords Logistik

Grundwissen für Fach- und Führungskräfte

2., aktualisierte Auflage

ISBN 978-3-658-05954-5   ISBN 978-3-658-05955-2 (eBook)
DOI 10.1007/978-3-658-05955-2

Die Deutsche Nationalbibliothek verzeichnet diese Publikation in der Deutschen Nationalbiblio-
grafie; detaillierte bibliografische Daten sind im Internet über http://dnb.d-nb.de abrufbar.

Springer Gabler

Lektorat: Claudia Hasenbalg

Gedruckt auf säurefreiem und chlorfrei gebleichtem Papier

Springer Gabler ist eine Marke von Springer DE. Springer DE ist Teil der Fachverlagsgruppe
Springer Science+Business Media
www.springer-gabler.de

Autorenverzeichnis

Professor Dr. **Ingrid Göpfert**, Philipps-Universität, Marburg
Themengebiet: Internationale Logistik

Professor Dr. **Alexander Hennig**, Duale Hochschule
Baden-Württemberg, Mannheim
Themengebiet: Handelsbetriebslehre

Professor Dr. **Peter Kenning, Zeppelin** Universität, Friedrichshafen
Themengebiet: Vertriebspolitik

Professor Dr. **Winfried Krieger**, Fachhochschule Flensburg, Flensburg
Themengebiet: Logistik und Supply Chain Management

Michael Möhring, Friedrich-Schiller-Universität, Jena
Themengebiet: Retourenmanagement

Professor Dr. **Willy Schneider**, Duale Hochschule
Baden-Württemberg, Mannheim
Themengebiet: Handelsbetriebslehre

Dr. **Christoph Siepermann**, Universität Ulm, Ulm
Themengebiet: Enterprise-Resource-Planning-System

Professor Dr. **Marion Steven**, Ruhr-Universität, Bochum
Themengebiet: Produktions- und Kostentheorie

Professor Dr. **Richard Vahrenkamp**, Universität Kassel, Kassel
Themengebiet: Enterprise-Resource-Planning-System

Professor Dr. **Kai-Ingo Voigt**, Friedrich-Alexander-Universität, Nürnberg
Themengebiet: Industriebetriebslehre

Prof. Dr. **Gianfranco Walsh**, Friedrich-Schiller-Universität, Jena
Themengebiet: Retourenmanagement

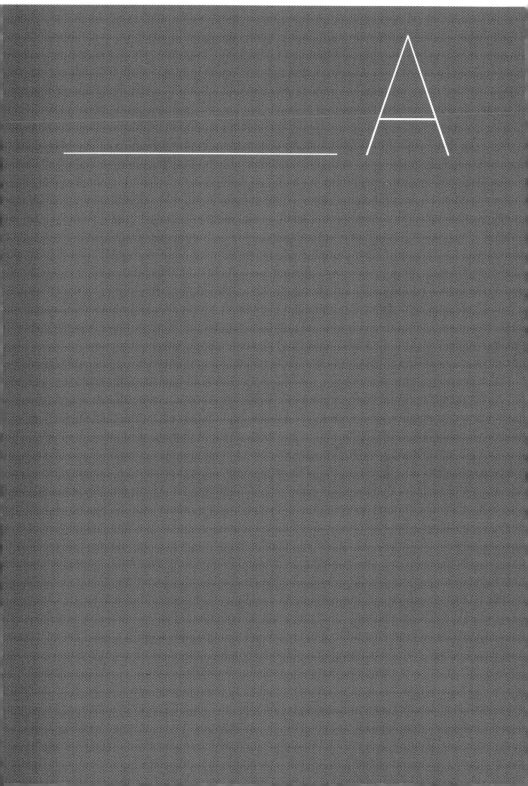

Abrufvertrag

Vertrag, der Regelungen vereinbart für den bedarfsorientierten Abruf von Materialmengen vom Lieferanten; in der Regel unter Bezugnahme auf einen Rahmenvertrag. Mögliche Vertragsform im Rahmen der Einkaufspolitik.

Abwracken

Ursprünglich im Verkehrsbereich die endgültige Außerbetriebsetzung von Schiffen bei technischer oder ökonomischer Überalterung; heute auch für andere Verkehrsmittel üblich. In Einzelfällen als staatlich subventionierte Maßnahme (Abwrackprämie) zur Kapazitätsreduzierung oder Flottenmodernisierung eingesetzt.

Andler-Formel

Andlersche Losgrößenformel; Berechnungsalgorhythmus der optimalen Losgröße x_0 oder der optimalen Bestellmenge m_0 nach dem klassischen Bestellmengenmodell.

$$x_0 = \sqrt{\frac{200 \cdot A \cdot K_{fp}}{k_p \cdot p}}$$

(mit A = Jahresabsatz, K_{fp} = losgrößenfixe Kosten, k_p = variable Stückkosten, p = Zins- und Lagerkostensatz),

$$m_0 = \sqrt{\frac{200 \cdot V \cdot K_{fp}}{k_b \cdot p}}$$

(mit V = Jahresverbrauch, K_{fb} = bestellfixe Kosten, k_b = variable Bestellkosten, p = Zins- und Lagerkostensatz).

Die Bezeichnung geht zurück auf Kurt Andler, der im deutschen Sprachraum die zugrundeliegenden Zusammenhänge erstmals dargestellt hat.

Auftragsabwicklung

Order Process; Prozess der Erfüllung von Kundenaufträgen vom Zeitpunkt der Bestellaufgabe durch den Kunden bis zum Zahlungseingang des Leistungsentgelts beim Lieferanten.

Teilfunktionen sind:

a) *Auftragsübermittlung: Beispiele* sind die formlose Bestellung durch den Kunden, die Übermittlung von Bestellformularen per Brief oder Telefax, die telefonische Bestellung, internetbasierte Bestellung, Bestellannahme durch Außendienstmitarbeiter, elektronische Übermittlung über Mobilkommunikationstechnologien sowie automatisierte Bestellsysteme.

b) *Auftragsbearbeitung:* umfasst die Überprüfung der Kundenaufträge hinsichtlich Preiskonditionen, Liefermodalitäten und Bonität des Kunden sowie die Einplanung in das Produktions- und Logistiksystem.

c) *Fertigung und/oder Auftragszusammenstellung:* Produktion, auftragsgemäße Zusammenstellung der Güter im Lager (Kommissionierung).

d) *Verpackung und Versand:* Verpackung, Erstellung der Versandpapiere und Versand der Güter.

e) *Fakturierung:* Rechnungstellung der erbrachten Leistungen. Die Fakturierung kann vor der Kommissionierung (Vorfakturierung) oder nach der Kommissionierung (Nachfakturierung) erfolgen.

f) Zahlungstransaktion: papierbasierte oder elektronische Übermittlung der Zahlung oder Barzahlung.

Ausflaggung

Registrierung eines Fahrzeugs (Schiff, Flugzeug, Kraftfahrzeug) außerhalb des Heimatstaates des Fahrzeugeigentümers. Ursachen hierfür sind niedrigere Fahrzeugeinsatzkosten aufgrund steuer-, arbeits- und anderer rechtlicher Vorschriften im Ausland.

Auslieferungslager

Distributionslager; in der Nähe der potenziellen Abnehmer errichtetes Lager zur Sicherstellung eines hohen Lieferservice (Lagerarten).

Arten:

a) typisch bei Lieferung an Endverbraucher in einem großen Distributionsgebiet.

b) Auslieferungsläger *ausländischer Produzenten* oder *Exporteure* im Inland.

c) *Handel:* regionale Auslieferungsläger, um die Filialen mit vorkommissionierter Ware innerhalb kurzer Zeit beliefern zu können.

Ferner Auslieferungsläger von Anbietern großvolumiger Waren (z. B. Möbel), die ihre Sortimente an Standorten in Ballungszentren ausstellen/ vorführen, während die Belieferung von einem Auslieferungslager außerhalb erfolgt. Infolge der verbesserten Leistungsfähigkeit logistischer Distributionssysteme wurden in den letzten Jahren verstärkt Zentrallager errichtet und die Zahl der Auslieferungslager reduziert.

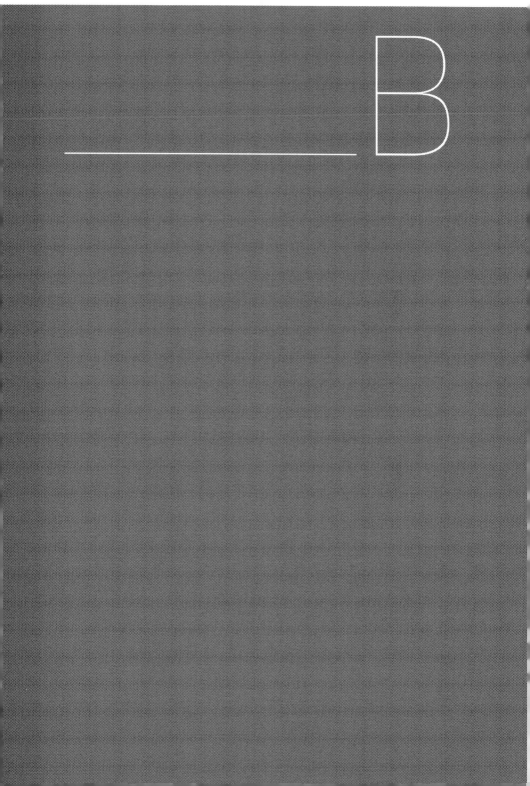

Barcode

Balkencode, Strichcode; ein optischer Datenträger zur Kennzeichnung von Objekten. Nach einer standardisierten Codiervorschrift wird eine ein- oder mehrdimensionale Sequenz von parallelen dunklen und hellen Strichen gedruckt, die von optischen Lesegeräten gelesen und anschließend dekodiert werden können.

Barge-Verkehr

Leichter-Verkehr; kombinierter Verkehr, bei dem Binnenschiffe ohne eigenen Antrieb (Barge, Leichter) auf Hochseeschiffen transportiert werden; die volkswirtschaftliche Bedeutung des Barge-Verkehrs ist relativ gering.

Bedarfsermittlung

Bedarfsmengenplanung, Beschaffungsdisposition, Materialbedarfsermittlung; Verfahren zur Ermittlung der zukünftig auftretenden Materialbedarfe nach Zeit und Menge.

1. Bei der *programmorientierten (deterministischen) Bedarfsermittlung* wird der zukünftige Bedarf anhand des vorliegenden Absatz- oder Produktionsprogramms (fest umrissene Kundenaufträge oder ein als determiniert angenommener prognostizierter Primärbedarf) ermittelt. Anhand des Absatz- oder Produktionsprogramms (Primärbedarf) wird unter Verwendung von Stücklisten/Rezepturen (analytische Bedarfsauflösung) oder Teileverwendungsnachweisen (synthetische Bedarfsauflösung) sowie Arbeitsplänen das herzustellende Produkt in seine Einzelteile zerlegt und daraus der Sekundärbedarf an Roh-, Hilfs- und Betriebsstoffen, Baugruppen und Einzelteilen errechnet (Bruttobedarf); sog. Bruttobedarfsermittlung. Mittels eines Abgleiches mit den bereits verfügbaren Lagerbeständen wird daraus der Nettobedarf ermittelt (sog. Nettobedarfsermittlung). Die programmorientierte *Bedarfsermittlung* dient in erster Linie der Ermittlung des Sekundärbedarfes bei bekanntem Primärbedarf.

2. Bei der *verbrauchsorientierten (stochastischen) Bedarfsermittlung* wird der Materialbedarf anhand des Vergangenheitsverbrauchs der betreffenden

Materialien prognostiziert. Unter der Annahme, dass sich die künftige Bedarfsentwicklung analog der vergangenen Bedarfsentwicklung gestaltet, wird mithilfe statistischer Methoden aus den Bedarfswerten der Vergangenheit auf den zukünftigen Bedarf geschlossen. Dazu werden zunächst die vorliegenden Vergangenheitsbedarfe (Zeitreihe) auf ihre beeinflussenden Komponenten analysiert und die künftigen Bedarfe extrapoliert (Bedarfsprognose).

Das Verfahren der verbrauchsorientierten *Bedarfsermittlung* wird insbesondere in der Konsumgüterindustrie und bei der Planung geringwertiger Güter (z. B. Tertiärbedarf) angewandt oder wenn programmorientierte Verfahren nicht anwendbar sind (z. B. beim Ersatzteilbedarf).

Bedarfsprognose

Verfahren, mit dem im Rahmen der verbrauchsorientierten Bedarfsermittlung aus den Bedarfswerten der Vergangenheit auf die künftigen Bedarfe geschlossen wird.

Dabei werden zunächst die Vergangenheitsbedarfe (Zeitreihe) auf ihre beeinflussenden Komponenten analysiert (Zeitreihenanalyse). Folgende Komponenten werden unterschieden: Der Grundbedarf (langfristig konstant), die Trendkomponente (langfristige Entwicklung des Bedarfes), die Saisonkomponente (periodische Schwankungen um den Trend) sowie die Zufallskomponente (einmalige, zufällig verteilte Einflüsse). Daneben werden teilweise noch Strukturbrüche (nachhaltige Änderungen der langfristigen Bedarfsentwicklung) unterschieden.

Drei charakteristische Bedarfsverläufe (Nachfragemodelle) sind zu unterscheiden: Der konstante Bedarfsverlauf, der trendförmige Bedarfsverlauf und der saisonal schwankende Bedarfsverlauf.

Unterstellt wird ein Zusammenhang zwischen dem Verbrauch in der Vergangenheit und dem zukünftigen Bedarf. Entsprechend dem vorliegenden Nachfragemodell werden dann anhand mathematisch-statistischer Verfahren die künftigen Bedarfe extrapoliert. Dabei sind für konstante Bedarfsverläufe folgende Vorhersagemethoden vorteilhaft: arithmetisches

Mittel, gleitender Durchschnitt und exponentielle Glättung (exponentiel-les Glätten) erster Ordnung. Bei trendförmigem Bedarfsverlauf sind die Verfahren der linearen Regression (Regression, lineare) und der exponen-tiellen Glättung erster und zweiter Ordnung anwendbar und bei saisonal schwankendem Bedarfsverlauf die multiplikative Verknüpfung und die Bildung von Saisonindizes.

Beförderungsweg

1. *Güterkraftverkehr:* Beförderungsweg ist die Fahrtroute, auf der ein Trans-port auf der Straße durchgeführt wird; von spezifischer Bedeutung im Schwerlast- und Gefahrgutverkehr.

2. *Bahnverkehr:* Allgemein wird der Beförderungsweg nach innerbetriebli-chen Lade- und Leitungsvorschriften festgelegt.

Bekannter Versender

Die EU-Verordnungen (VO EG 300/2008 und VO EU 185/2010) sollen eine sichere Lieferkette im Luftfrachtverkehr gewährleisten. Dazu werden Unternehmen, die Fracht oder Post auf eigene Rechnung im Luftverkehr versenden, als „behördlich anerkannte bekannte Versender" durch das Luftfahrt-Bundesamt zugelassen.

Luftfahrtunternehmen, Agenturen, Spediteure oder sonstige Stellen, die die Sicherheitskontrollen für Fracht oder Post gewährleisten, werden durch das Luftfahrt-Bundesamt als reglementierter Beauftragter zugelassen.

Beladung

Begriff aus dem Güterverkehr für die vom Transportmittel zur Beförderung übernommenen Güter, also *nicht* die transportmittelbezogene Ausrüstung und auch nicht Personen. Neben der Einhaltung von Lademaßen und der Sicherung der Ladung gegen Verrutschen sind die gleichmäßige Belastung und die Tragfähigkeit der Transportmittel zu beachten. Besondere gesetz-liche Regelungen gelten für Gefahrgüter.

Benutzerattraktivität

Die Vorteilhaftigkeit des Leistungsangebots eines Verkehrsmittels gegenüber konkurrierenden Verkehrsmitteln aus der Sicht potenzieller Nutzer. Eine grobe Einteilung der Parameter unterscheidet nach Schnelligkeit, Bedienungshäufigkeit, Zahl der Stationen, Bequemlichkeit, Preiswürdigkeit und Umweltverträglichkeit des Verkehrsmittels.

Bereitstellungsplanung

Teil der Produktionsplanung. Aufgabe ist es, die für den Vollzug der Produktionsprogrammplanung erforderlichen Produktionsfaktoren (Betriebsmittel, Arbeitskräfte, Werkstoffe und Informationen) nach Art, Menge und Zeit verfügbar zu machen. Wichtige Voraussetzung für eine wirtschaftliche Gestaltung des Produktionsprozesses und dessen planmäßiger Durchführung.

Bereitstellungsprinzipien

Lösung der Bereitstellungsaufgabe für Halbfertigungsprodukte und Werkstoffe (Sekundärbedarf) durch die Materialwirtschaft.

Zwei Prinzipien:

a) Bedarfsdeckung *mit Vorratshaltung* (Lagermaterial).

b) Bedarfsdeckung *ohne Vorratshaltung* durch

(1) Einzelbeschaffung im Bedarfsfall (Auftragsmaterial);

(2) Produktionssynchrone Beschaffung: Just in Time (JIT).

Das *anzuwendende Bereitstellungsprinzip* richtet sich nach der Bedarfsstruktur und den Bedingungen auf den Beschaffungsmärkten.

Beschaffung

Zusammenfassung aller Tätigkeiten, die der Versorgung eines Unternehmens mit Material, Dienstleistungen, Betriebs- und Arbeitsmitteln sowie Rechten und Informationen aus unternehmensexternen Quellen (Güter- und Dienstleistungsmärkte) dienen. Die Versorgung mit Kapital und Mitarbeitern wird nicht unter das Aufgabenfeld der Beschaffung integriert.

Als oberstes Ziel der Beschaffung kann die langfristige Sicherstellung der anforderungsgerechten Versorgung zu geringstmöglichen Kosten formuliert werden. Die Beschaffungsaufgaben können nach strategischen und operativen unterschieden werden.

a) Wesentliche *strategische Aufgaben* sind:

(1) Beschaffungsmarktforschung,

(2) Festlegung über zentrale und/oder dezentrale Beschaffung,

(3) Lieferantenanalyse, -bewertung und -auswahl,

(4) Beziehungsmanagement zu Lieferanten,

(5) Verhandlung, Abschluss sowie Kontrolle von Rahmenvereinbarungen,

(6) Planung und Einsatz geeigneter informatorischer Unterstützungssysteme,

(7) Erstellung von Beschaffungsportfolios.

b) Die Gliederung der *operativen Aufgaben* zerfällt in:

(1) Bestandskontrolle,

(2) Bedarfsermittlung und Bestellmengenplanung,

(3) Lieferantenauswahl,

(4) Bestellung,

(5) Bestellüberwachung sowie in Zusammenarbeit mit dem Logistikbereich

(6) Beschaffungslogistik.

Mit der wachsenden Verbreitung von Internettechnologien hat das E-Procurement wachsende Bedeutung erlangt. Dabei wird unterschieden zwischen katalogbasierten Beschaffungssystemen, elektronischen Märkten sowie direkten, elektronischen Eins-zu-eins-Beziehungen zwischen Lieferanten und Abnehmern. E-Procurement erstreckt sich heute über das gesamte Beschaffungsportfolio.

Die betriebliche Beschaffung durchläuft seit einigen Jahren einen Wandel, indem erstens durch die Internationalisierung der Beschaffungsmärkte die Bedeutung der Beschaffung für den Unternehmenserfolg weiter steigt und zweitens internetbasierte Systeme gleichzeitig ein Reengineering der Beschaffungsprozesse ermöglichen. Neben dem Einsatz innovativer Informations- und Kommunikationssysteme (IKT) haben zukünftig Konzepte wie das Lead-Buyer-Konzept, bei dem eine Abteilung eines Unternehmens die Verantwortung für die Beschaffung definierter Produktgruppen für das Gesamtunternehmen übernimmt sowie Konzepte zur Gestaltung partnerschaftlicher Beziehungen mit Lieferanten wachsende Bedeutung.

Beschaffungsbudget

Budget der geplanten Aufwendungen für die zu beschaffenden Objekte (Einkaufsbudget) und für die Durchführung aller beschaffungswirtschaftlichen Aufgaben (Beschaffungskostenbudget).

Zweck: Vorgabe, Koordination und Kontrolle der Wirtschaftlichkeit der Beschaffungspolitik (Beschaffung).

1. Das *Einkaufsbudget* basiert auf den Planpreisen für das geplante Einkaufsvolumen. Unter Einbeziehung der Zahlungstermine lassen sich liquiditätswirksame Auswirkungen aufzeigen.

2. Das *Beschaffungskostenbudget* wird verursachungsbezogen untergliedert in Bezugskosten-, Administrationskosten- und Bereitstellungskostenbudget. Die Wertansätze beruhen auf Planpreisen bzw. -kosten.

Beschaffungsdisposition

Beinhaltet die Bedarfsermittlung, Bedarfsplanung und -kontrolle sowie die Bestellabwicklung (Festlegung von Liefermengen, -terminen und -orten).

Beschaffungskosten

1. *Im weiteren Sinne:* Alle Kosten, die zur Beschaffung von Sach- und Dienstleistungen vom Unternehmen aufgewandt werden müssen.

Beschaffungskosten setzen sich zusammen aus:

(1) Beschaffungspreis (Preis der Güter am Markt),

(2) Nebenkosten der Beschaffung, z. B. Frachtkosten, Versicherungsbeiträge, Verwaltungskosten, Kosten der Beschaffungsstelle.

In diesem Sinn Synonym für Anschaffungskosten.

2. *Im engeren Sinne:* Nebenkosten der Beschaffung, d.h. die Anlieferungskosten, die sich u.a. aus Fracht und Versicherung zusammensetzen.

3. *Planung:* Das Beschaffungskostenbudget ist Teil des Beschaffungsbudgets.

Beschaffungslogistik

1. *Begriff:* logistisches Subsystem der Logistik, als Bindeglied zwischen Beschaffungsmarkt und Produktion.

2. *Aufgaben:* physische Bereitstellung von Einsatzgütern (Roh-, Hilfs- und Betriebsstoffe, Halbfertigprodukte, Kaufteile und Handelsware) gemäß des art- und mengenmäßigen, zeitlichen und örtlichen Bedarfs im Hinblick auf geplante Leistungsprozesse. Aufgrund der Schnittstelle zum Beschaffungsmarkt sind die beschaffungslogistischen Prozesse von nur begrenzt beeinflussbaren Umweltparametern abhängig. Neben der Struktur der Beschaffungsmärkte determiniert zusätzlich die Güterart (wirtschaftliche, technische, physikalische und organisatorische Gütereigenschaften wie z. B. transportkostensensible Commodities, hochwertige Spezialgüter) das Erfolgspotenzial der Beschaffungslogistik. In Abhängigkeit des vereinbarten Incoterm reicht die beschaffungslogistische Kontrollspanne potentiell von der Materialübergabe beim Zulieferanten bis zur Übergabe an den Bedarfsträger im Unternehmen. Dementsprechend zählen zu den beschaffungslogistischen Aufgaben der Transport vom Lieferanten bis zum Wareneingang, die Warenannahme und -prüfung, teilweise die Eingangslagerhaltung und der innerbetriebliche Transport zum Verbrauchsort sowie alle damit verbundenen Planungs-, Steuerungs- und Kontrolltätigkeiten. Für die strategische Unternehmensplanung ist zu beachten, dass die Beschaffungslogistik des Abnehmers ähnliche Ziele und Aufgaben wie die Absatzlogistik des Lieferanten verfolgt.

Beschaffungsmarkt

Ein der eigenen Produktions- oder Handelsstufe vorgelagerter Markt, auf dem Güter für eigene Produktions- oder Handelsprozesse beschafft werden können.

Beschaffungsmarktforschung

1. *Begriff:* Systematische Sammlung und Aufbereitung von Informationen über aktuelle und potenzielle Beschaffungsmärkte zur Erhöhung ihrer Transparenz (Marktanalyse) und zum Erkennen beschaffungsrelevanter Entwicklungen (Marktbeobachtung).

2. *Zentrale Objekte* der Beschaffungsmarktforschung sind die zu beschaffenden Einsatzgüter (Materialqualitäten, Werkstoffinnovationen, eingesetzte Produktionsverfahren), die Angebotsstruktur auf den Beschaffungsmärkten (geografische Streuung der Zulieferer, Konkurrenzintensität, relative Wettbewerbspositionen, Angebotsvolumen, -elastizität, Entwicklungen auf Vormärkten), die wirtschaftliche und technische Leistungsfähigkeit aktueller und potenzieller Lieferanten (Umsatz, Maschinenausstattung, Fertigungsverfahren, Gewinn, Liquidität, Mitarbeiterqualifikation, Produktqualität, Lieferservice, Konditionen, Konkurrenzbelieferung) und der Preis (Preisstrukturanalyse, -beobachtung, -vergleich).

3. Als *Informationsquellen* der Beschaffungsmarktforschung sind neben den traditionellen Quellen wie Statistiken, Branchenhandbücher, Geschäftsberichte, Kataloge, Messebesuche, Betriebsbesichtigungen und Einkaufsreisen insbesondere inzwischen internetbasierte Informationsquellen relevant. Die permanente Pflege und Weiterentwicklung der Marktinformationen ist für eine entscheidungsvorbereitende Beschaffungsmarktforschung unerlässlich.

Beschaffungsplanung

1. *Begriff:* Festlegung von Zielen, Maßnahmen und Ressourcen zur kostenoptimalen Bereitstellung der für eine bestimmte Planungsperiode erforderlichen Inputfaktoren aus den Beschaffungsmärkten. Objekte sind

alle für den Leistungserstellungsprozess benötigten Produktionsfaktoren (Beschaffung). In der Praxis wird Beschaffungsplanung regelmäßig auf die Sachgüterbeschaffung beschränkt, enger noch: auf Beschaffungsgüter für die laufenden Betriebsprozesse (Roh-, Hilfs-, Betriebsstoffe; Dienstleistungen).

2. *Ziele:*

(1) Optimierung der Beschaffungskosten;

(2) Verminderung der Versorgungsrisiken;

(3) Verbesserung der Steuerung und Kontrolle der Beschaffungsdurchführung;

(4) Einhaltung der Qualitätsstandards.

3. *Teilbereiche:*

(1) Beschaffungsmengenplanung mit den Komponenten Mengen, Zeit, Kosten (optimale Bestellmenge);

(2) Beschaffungsvollzugsplanung (Beschaffungsweg, Lieferant, Beschaffungszeit).

Beschaffungsprogramm

Aus der Analyse des Absatz- und Produktionsprogramms erstellt. Grundlage ist die Beschaffungsplanung unter Berücksichtigung unternehmenspolitischer Ziele. Nachgeordnet ist die Beschaffungsvollzugsplanung als operativer Teil der Beschaffungsplanung.

Beschaffungsweg

Element des beschaffungspolitischen Instrumentariums (zu unterscheiden vom physischen Beschaffungsweg der Beschaffungslogistik).

Grundsätzlich kommen in Frage:

(1) *Direkte Beschaffung:* Bezug unmittelbar beim Hersteller;

(2) *indirekte Beschaffung:* Einkauf beim Handel oder unter Einschaltung elektronischer/traditioneller Intermediäre. Mit der Wahl

des Beschaffungswegs wird zugleich die Lieferantenstruktur determiniert (Lieferantenbeurteilung). Die Usancen der Kontaktanbahnung und des Leistungsaustausches verändern sich durch Nutzung elektronischer Medien signifikant.

Beschaffungszeit

Lieferzeit zuzüglich weiterer Zeiten, wie der Zeitdauer zwischen zwei Bestandsüberprüfungen (Bestellpunktverfahren) und der Zeit für die Auftragsübermittlung.

Bestellmengenplanung

Ermittlung der Bestellmenge und des Bestellzeitpunkts für den im Planungszeitraum bestehenden Bedarf an Materialien, sodass die Bedarfsdeckung auf kostengünstigste Weise erfolgt und gleichzeitig angemessene Versorgungssicherheit aufrecht erhalten wird. Dazu ist die optimale Bestellmenge (die Bestellmenge, bei der die Summe aus Bestell- und Lagerhaltungskosten minimal ist) zu errechnen. Daneben sind die Termine für die einzelnen Bestellungen festzulegen. Es stehen verschiedene Lagerhaltungsstrategien zur Verfügung, wann und in welcher Menge Bestellungen zur Auffüllung der Lagerbestände ausgelöst werden müssen. Dabei kann entweder die Erreichung bestimmter Bestandshöhen bestellauslösend sein (Meldebestands- oder Bestellpunktverfahren) oder der Ablauf festgelegter zeitlicher Fristen (Bestellrhythmusverfahren). Die Bestellmengenplanung läuft heute weitestgehend IT-basiert auf Basis unternehmensspezifischer Anforderungen ab.

Bestellobligo

Summe aller Zahlungsverpflichtungen (einschließlich der Bezugsnebenkosten) aus offenen Bestellungen, die noch zu regulieren sind. Informationsinstrument der Finanzplanung in Unternehmen.

Bestellprozess

Rechtlich/organisatorischen Prozessablauf zur Beschaffung von Materialien und Services auf der Basis von Informationen aus der Bedarfsermittlung, Beschaffungsmarktforschung und Einkaufspolitik.

Der Bestellprozess setzt sich aus mehreren Teilprozessen zusammen. Durch die Bedarfsmeldung oder Bestellanforderung wird dem Einkäufer die innerbetriebliche Nachfrage übermittelt. Die Einholung verschiedener Angebote erfolgt durch traditionelle Anfragen oder über elektronische Märkte oder elektronische Ausschreibungen. Im Rahmen der Angebotsbearbeitung werden die Angebote auf Übereinstimmung mit internen Anforderungskriterien (z. B. Qualität, Menge, Lieferzeit und Einkaufsbedingungen) geprüft, nach dem Preis-Leistungs-Verhältnis untersucht und miteinander verglichen.

Vergabeverhandlungen dienen der Beseitigung von Schwachstellen in den einzelnen Angeboten und bereiten die Bestellentscheidung vor. Die schriftliche Ausführung der Bestellung ermöglicht eine zweifelsfreie, sichere und rechtlich nachweisbare Bestellübermittlung und kann gleichzeitig zur innerbetrieblichen Dokumentation der Bestellung (z. B. für andere von der Bestellung betroffene Abteilungen oder bei Nachfragen) verwendet werden. Übersendet der Lieferant eine Auftragsbestätigung, ist schließlich der Inhalt dieser Bestätigung mit der Bestellung zu vergleichen, um die inhaltlich richtige Auftragsannahme zu kontrollieren. Der Bestellvorgang hat sich durch Nutzung internetbasierter Technologien signifikant verändert.

Bestellpunktverfahren

Eines von mehreren Verfahren der Bestellmengenplanung, bei dem eine Bestellung immer dann ausgelöst wird, wenn der Lagerbestand eine festgelegte Höhe (Meldebestand oder Bestellpunkt) erreicht bzw. unterschreitet. Im Bestellpunktverfahren mit fester Bestellmenge wird bei Erreichen des Bestellbestandes eine festgelegte Menge bestellt. Im Bestellpunktverfahren mit Höchstbestand wird bei Erreichen des Bestellpunktes diejenige Menge bestellt, die den Lagerbestand auf den festgelegten Soll-bestand auffüllt. Bei beiden Verfahren sind die Bestellzeitpunkte variabel, da sie sich der Veränderung des Lagerabgangs anpassen.

Bestellrhythmusverfahren

Verfahren der Bestellmengenplanung, bei dem Bestellungen in festgeleg-ten Bestellrhythmen erfolgen. Dabei wird entweder in festgelegten Zeitab-ständen eine fixe Menge bestellt (dies führt bei ungleichmäßigem Lager-abgang zu stark schwankenden Lagerbeständen) oder es wird in festge-legten Zeitabständen jeweils die Menge beschafft, die den Lagerbestand auf einen festgelegten Sollbestand auffüllt.

Billigflagge

Staaten, unter deren Flagge Schiffe (ausländischer Reeder oder Ree-dereien) fahren, die in diesen Staaten registriert sind, um Kosten zu redu-zieren (Steuervorteile, geringere Sozial- und Sicherheitsvorschriften).

In Deutschland wird eine Ausflaggung in diese Staaten nur noch geneh-migt, wenn der Antragsteller die hierdurch für den Schifffahrtsstandort Deutschland hervorgerufenen Nachteile ausgleicht.

Bordcomputer

Oberbegriff für verschiedene IKT-Systeme, mit denen Fahrzeuge ausge-stattet werden können. Angefangen mit einfachen Systemen zur Erfas-sung von Betriebszuständen (z. B. Kraftstoffverbrauch, Geschwindigkeit, Standzeiten, Betriebszustände), über die Erfassung von Auftrags- und Lie-ferdaten und Navigationssysteme mit verkehrssituationsabhängiger Stre-ckenführung bis zu Systemen zur Einsatzoptimierung in Verbindung mit betrieblichen Dispositionssystemen werden unterschiedlichste IKT-Sys-teme unter dem Oberbegriff Bordcomputer zusammengefasst.

Bordero

Cargo Manifest; Warenbegleitpapier, enthält Informationen (wie Empfänger, Versender, Warenbezeichnung) über die Einzelsendungen in einer
Sammelladung (Sammelladungsverkehr).

Bringsystem

Veraltete Bezeichnung, heute Push-System.

1. *Produktion:* Ablauforganisatorisches Prinzip, bei dem das zu verarbei-
tende Material zentral disponiert an den Arbeitsplatz geliefert wird. Dies
erfordert besondere Steuerungsmaßnahmen der Arbeitsvorbereitung und
der Produktionssteuerung sowie ein Anlieferungssystem. Auch angewen-
det in der überbetrieblichen Zusammenarbeit zwischen Abnehmer und
Lieferant.

2. *Entsorgungslogistik:* Sammel- und Trennverfahren.

3. *Gegensatz:* Holsystem oder Pull-System.

Bruttobedarf

Ergibt sich in der Produktionsplanung und -steuerung durch Zusammenfassung des Primärbedarfs, des Sekundärbedarfs und des Zusatzbedarfs,
der häufig pauschal als Prozentsatz des Primärbedarfs angesetzt wird und
ein Äquivalent einer eventuellen Ausschussproduktion darstellt.

Bruttobedarfsermittlung

Erster Teil der programmgebundenen Bedarfsmengenplanung (Bedarfsermittlung). Mithilfe von Stücklisten und Rezepturen (Materialbedarf pro
Erzeugnis) wird aus dem Produktionsprogramm der zur Realisierung des
Programms insgesamt notwendige Bedarf pro Materialart (Bruttobedarf)
für die Planungsperiode errechnet. Dafür stehen verschiedene Verfahren
der Stücklistenauflösung zur Verfügung.

Bruttoregistertonne (BRT)

Veraltete Maßeinheit des Volumens aller Ladungs-, Passagier-, Personal-, Maschinen- und sonstigen Räume eines Schiffes: 1 Bruttoregistertonne (BRT) = 100 Kubik-Fuß = 2,83 m3.

Die für Passagiere und Ladung nutzbaren Räume werden in *Nettoregistertonnen (NRT)* angegeben. Beide Einheiten wurden inzwischen abgelöst durch die dimensionslosen Zahlen Bruttoraumzahl (BRZ) und Nettoraumzahl (NRZ).

Bundesfernstraßen

Öffentliche Straßen, die ein zusammenhängendes Verkehrsnetz bilden; in Deutschland gegliedert in Bundesautobahnen und Bundesstraßen mit Ortsdurchfahrten.

Zu den Bundesfernstraßen gehören:

(1) *Straßenkörper:* Straßengrund, Unterbau, Straßendecke, Brücken, Dämme, Gräben, Böschungen, Mittel- und Sicherheitsstreifen;

(2) der *Luftraum* über dem Straßenkörper;

(3) *Zubehör:* Verkehrszeichen, Verkehrseinrichtungen und Bepflanzung sowie Einrichtungen zur Erhebung von Maut und zur Kontrolle der Mautpflicht;

(4) *Nebenanlagen:* Straßenmeistereien, Gerätehöfe, Lagerplätze;

(5) *Nebenbetriebe* (an den Bundesautobahnen): Tankstellen, Rast- und Werkstätten.

Träger der Baulast für offene Straßen ist der Bund, der diese auf die Länder beziehungsweise für Ortsdurchfahrten auf die Gemeinden delegiert hat (Straßenbaulast).

Die *Straßenaufsicht* wird von den Ländern im Auftrage des Bundes ausgeübt.

Rechtliche Regelung im Bundesfernstraßengesetz (FStrG) i.d.F. vom 28.6.2007 (BGBl. I S. 1206) m.spät.Änd.

Buyside-Marktplatz

Begriff aus dem E-Commerce. Verkäufer stellen ihre Produkte über Kataloge auf der Buyside elektronisch zur Verfügung und ermöglichen einen Onlineeinkaufsprozess für Käufer. Mehrere (oder viele) Verkäufer werben um einen (oder wenige) Einkäufer.

Chaotische Lagerung

Freie Lagerordnung; Prinzip der Lagerordnung, bei dem den Lagergütern keine festen Lagerplätze zugeordnet sind, sondern beliebige, zum Zeitpunkt der Einlagerung freie Plätze. Das IT-gestützte Lagerverwaltungssystem verwaltet dazu die Belegung der Lagerplätze.

Collaboration

Zusammenarbeit eines Unternehmens mit seinen Kunden und Lieferanten unter Einsatz von modernen Informationstechnologien zur Integration von unternehmensinternen und unternehmensübergreifenden Geschäftsprozessen.

Container

Behälter; genormtes, dauerhaftes Transportgefäß im Güterverkehr (Containerverkehr), das leicht zu be- und entladen, sicher zu verschließen und zwischen verschiedenen Transportmitteln als Ladeeinheit umzuschlagen ist (kombinierter Verkehr).

Größte Bedeutung haben heute die weltweit einsetzbaren Übersee-Container, auch *ISO*-Container, die für den Transport mit Schiffen, Schienen- und Straßenfahrzeugen geeignet sind. Der Standardtyp nach den Normen der ISO ist ein spritzwasserdichter Stahlkasten mit Stirnwandtür, der gefüllt mindestens sechsfach stapelbar ist. Er hat genormte Eckbeschläge zur Befestigung auf Transportmitteln und als Angriffspunkte für Umschlagsgeräte und Außenmaße bei Höhe und Breite von je 8 Fuß und einer Länge von in der Regel 20, 30 oder 40 Fuß. Spezialausführungen dieser Container sind z. B. Thermo-Container und Tank-Container.

Die nur in Europa einsetzbaren Binnen-Container sind dem innereuropäischen Schienen-, Straßen- und Binnenschiffsverkehr angepasst und ermöglichen die Füllung mit Paletten des europäischen Palettenpools durch leichte Veränderungen der Außen- und Innenmaße bei Einhaltung der ISO-Normen für Längen und für Eckbeschläge.

Container-Terminal

Räumlich begrenzte Anlage mit entsprechender Prozess- und Ablauforganisation, in der Container umgeschlagen werden. Der Umschlag kann zwischen Straßen-, Schienen-, Luft- und Wasserverkehrsmitteln erfolgen. Ein Seehafenterminal ist z. B. eine Containerumschlagsanlage mit Anbindung an Straßen-, Schienen- und Wasserverkehrsmittel; ein Flughafenterminal, eine Umschlagsanlage mit Anbindung an Straßen- und Luftverkehrsmittel.

Containerverkehr

Güterverkehr unter ausschließlicher Verwendung von Containern als Ladeeinheiten.

Wichtigste Systemkomponenten des Containerverkehrs sind spezielle Containerschiffe, Containertragwagen der Eisenbahnen und Containerchassis (Sattelauflieger) für Sattelzüge sowie Containerbrücken, -kräne und -stapler für den Umschlag in Container-Terminals der Schifffahrtshäfen und der Güterbahnhöfe. Daneben werden auch universelle Transport- und Umschlagsmittel eingesetzt.

Cross Docking

Aufgrund der von Supply Chain Management und ECR-Konzepten (Efficient Consumer Response (ECR)) induzierten Verkleinerungen der Auftragsgrößen bekommen die Distributionszentren in den absatzlogistischen Systemen der Konsumgüterwirtschaft und des Handels neue Ausrichtungen. Neben den klassischen Aufgaben wie Bestandsmanagement, Lagerhaltung und Kommissionierung sind verstärkt reine Sortier- und Umschlagsprozesse durchzuführen. Die dabei eingesetzten technisch-organisatorischen Systeme werden unter dem Schlagwort Cross Docking zusammengefasst.

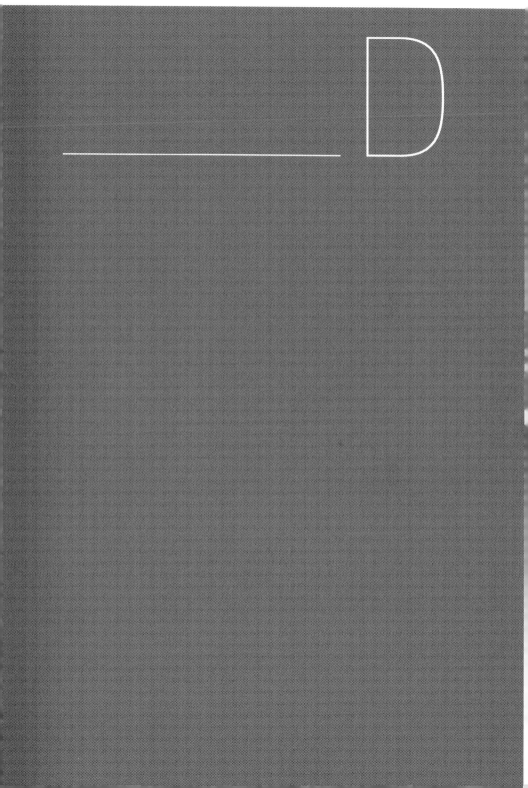

Distribution

Gesamtwirtschaftliche Verteilung der Distributionsobjekte (Waren, Dienstleistungen, Rechte, Entgelte und Informationen). In der Praxis werden häufiger die (engeren) Begriffe Absatz, Vertrieb, Verkauf benutzt. Üblicherweise werden als Distribution alle Prozesse bezeichnet, die zwischen Produzenten und Händlern bis hin zum Letztabnehmer im Absatzkanal ablaufen. Als Redistribution werden die Prozesse vom Konsumenten/Verbraucher über Händler zur Warenrücknahme, zum Recycling oder zur Entsorgung bezeichnet.

Distributionskanal

Teil des Distributionssystems, über dessen Stufen (Absatzkanal) die Distributionsobjekte verteilt werden.

Distributionslogistik

Planung, Realisation und Kontrolle (= Management) raum-zeitlicher Gütertransformation und deren informatorischer und kommunikativer Unterstützung zwischen Lieferanten und Abnehmern. Kennzeichnend für die Distributionslogistik ist, dass es sich um ein interorganisatorisches Logistiksystem handelt. Distributionslogistik und Beschaffungslogistik beziehen sich dabei auf den gleichen Sachverhalt aus Sicht des Lieferanten bzw. aus Sicht des Abnehmers. Die Güterbewegung im Logistikkanal besteht aus dem Warenfluss und dem Informationsfluss, der dem Warenfluss vorausläuft, ihn begleitet oder ihm nachläuft. Wesentliche Aufgabe der Distributionslogistik ist es, den Logistikkanal vom Lieferanten zum Abnehmer effizient hinsichtlich Kosten und Leistungen unter Erfüllung definierter Servicezielen zu gestalten. Dabei unterscheidet sich die Distributionslogistik signifikant in Abhängigkeit davon ob Endkunden (B2C) oder gewerbliche Kunden (B2B) am Ende der Prozesskette stehen.

Distributionswirtschaft

1. Sämtliche *Institutionen,* die in die Distribution von Waren und Gütern eingeschaltet sind.

2. Alle *Tätigkeiten* der Waren- und Güterdistribution. Begrifflich und inhaltlich nur unscharf von der Absatzlogistik zu differenzieren.

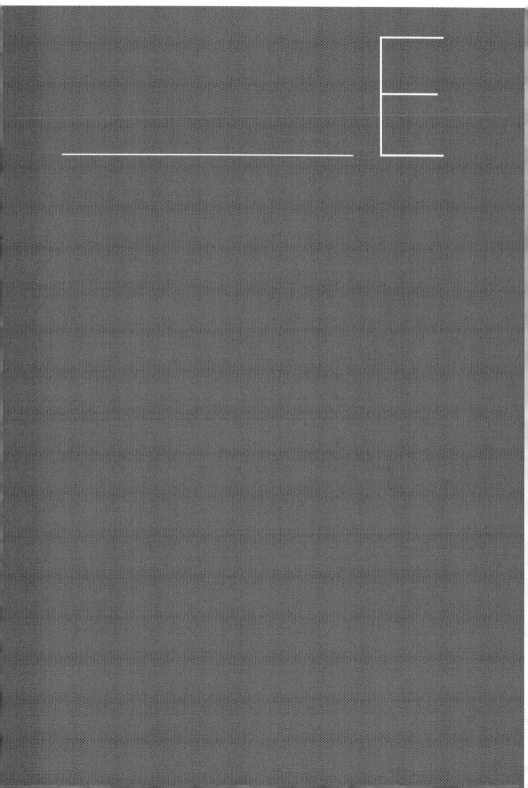

E-Logistik

1. *Begriff:* E-Logistik als deutschsprachige Adaption des Begriffs Electronic Logistics ist teilweise in den allgemeinen wirtschaftlichen Sprachgebrauch übernommen worden; hat sich als Begriff jedoch bisher nicht durchgesetzt. E-Logistik steht neben den betrieblichen Funktionen E-Commerce und E-Procurement und ist Teil des sog. E-Business (Electronic Business).

2. *Merkmale:* E-Logistik ermöglicht es, Planung, Aufgabenerfüllung und Kontrolle logistischer Aufgaben durch Nutzung von Internettechnologien wirtschaftlicher zu gestalten, Logistikservices zu verbessern und die Kollaboration zwischen den Partnern in der Supply Chain zu intensivieren.

3. *Voraussetzung* zur Implementierung von E-Logistik ist neben der Integration der internetbasierten Systeme in die vorhandenen IT-Systeme eine Weiterentwicklung der organisatorischen Abläufe und Prozesse sowie eine klare Zielfokussierung aller Supply Chain Partner auf die Überwindung von Informationsbarrieren zwischen den Unternehmen. Limitierende Faktoren sind die unterschätzte Komplexität der Integration von E-Logistik-Lösungen in bestehende Anwendungsarchitekturen, die mangelnde Ausbildung in der Anwendung dieser Technologien sowie die unzureichende Bereitschaft zur unternehmensübergreifenden Zusammenarbeit.

E-Procurement

Electronic Procurement, elektronische Beschaffung; E-Procurement ermöglicht den elektronischen Einkauf von Produkten bzw. Dienstleistungen durch ein Unternehmen unter Nutzung digitaler Netzwerke. Damit erfolgt eine Integration von netzwerkbasierten Informations- und Kommunikationstechnologien zur Unterstützung bzw. Abwicklung von operativen und strategischen Aufgaben im Beschaffungsbereich.

Ein entscheidender Aspekt im E-Procurement ist neben der Informations- und Kommunikationsebene auch die Frage der Beschaffungslogistik. Ein Problem von E-Procurement ist es, die beschriebenen Aktivitäten mit den klassischen Einkaufsprozessen und deren Abbildung in ERP-Systemen zu verknüpfen.

EDIFOR

Abkürzung für *Electronic Data Interchange for the Forwarding Community*, Subset des EDIFACT-Standards für speditionelle und logistische Abwicklungen. Enthält nur die Datensegmente und Datenelemente für die branchentypischen Geschäftsprozesse. EDIFOR wird getragen von den Speditionsverbänden Deutschlands (BSL, Bonn), Österreichs (ZV, Wien) und der Schweiz (SPEDLOGSWISS, Basel).

Efficient Consumer Response (ECR)

1. *Begriff:* Strategisches Konzept in der Konsumgüterindustrie, in dem alle Partner zur Optimierung der Wertschöpfungskette zusammenarbeiten. Unter Efficient Consumer Response (ECR), d.h. der effizienten Reaktion auf die Kundennachfrage, werden verschiedene Managementmethoden zusammengefasst, die darauf abzielen, die Versorgungsketten effizient und an den Bedürfnissen der Verbraucher orientiert zu gestalten. Konkret agieren Hersteller und Handel gemeinschaftlich mit dem Kunden als Ausgangs- und Orientierungspunkt sowie unter dem Hauptziel „Kooperation statt Konfrontation". Auf diese Weise sollen sich für alle Beteiligten Nutzenpotenziale erschließen, die alleine nicht zu erreichen gewesen wären.

2. *Ziel:* Abbau von Ineffizienzen entlang der Wertschöpfungskette (logistischer Aspekt), Erschließung von Umsatzpotenzial (Marketingaspekt).

3. *Elemente:*

a) Electronic Data Interchange (EDI), d.h. ein automatisierter, genormter, zeitgerechter und papierloser Informationsaustausch zwischen Hersteller, Handelszentrale (Zentrallager), Filiale inkl. Point of Sale (POS);

b) Kooperation in der Logistik (Supply Chain Management): auf den tatsächlichen Abverkauf abgestimmter, gleichmäßiger Warennachschub aufgrund automatischer Disposition (unter Umständen durch Vendor Managed Inventory = lieferantengeführte Bestände), synchronisierte Produktion, Just-in-Time-Belieferung, Anlieferung an Zentrallager und dort Sortierung vorbereiteter Filialkommissionierungen und Auslieferung (Cross Docking), Optimierung der Transport- und

Ladekapazitäten durch aufeinander abgestimmte Ladeeinheiten, Lager- und Transporttechnik (Efficient Unit Load) und dadurch Senkung der Logistikkosten (durch optimale Nutzung der Transportkapazitäten, Reduzierung von Prozesszeiten und -aufwand). Reduzierung der Kapitalbindungskosten durch Senkung der Warenbestände (Continuous Replenishment) beim Hersteller, in Distributionszentren und beim Händler sowie Erhöhung der Produktverfügbarkeit am Point-of-Sale; Kooperation im Marketing durch kunden- und renditeorientierte Sortimentsgestaltung und Produktpräsentation (Efficient Assortment), Optimierung der Produkteinführungen durch umfassenden Informationsaustausch bei der Neuproduktplanung und bei der Produkteinführung (Efficient Product Introduction), gemeinsame, zielorientierte Planung von Verkaufsförderungsaktionen (Efficient Promotions) sowie

c) eine Organisation, die eine wertschöpfungsorientierte, partnerschaftliche Abstimmung der Interessen der Produktgruppen-Manager der Industrie und der Warengruppenmanager des Handels (Category Management) ermöglicht.

4. *Probleme:* notwendige Investitionen in IT-Systeme, Offenlegung von (bisher unternehmensinternen) Daten mit dem Risiko des Datenmissbrauchs, Qualifikation des Personals, Anerkennung von Synergieeffekten der Teamarbeit sowohl der Warengruppenmanager untereinander als auch der Warengruppenmanager des Handels mit den Produktmanagern und Key Account Managern der Industrie, schwer aufzulösendes systemimmanentes Konfliktpotenzial zwischen Industrie und Handel.

Einkauf

Summe aller operativen und strategischen Tätigkeiten eines privaten oder öffentlichen Unternehmens, die im Rahmen der Beschaffung von Werkstoffen, Waren, Betriebsmitteln und Dienstleistungen durchzuführen sind.

Der Begriff Einkauf wird häufig enger verstanden als der Begriff Beschaffung, da sich die Beschaffung zusätzlich mit Tätigkeiten der

Beschaffungslogistik beschäftigt. Zielsetzung des Einkaufs ist die Sicherstellung der Versorgung (Ort, Termin, Menge, Qualität) und die Optimierung des Preis-Leistungsverhältnisses der Beschaffungsobjekte. Tätigkeiten des Einkaufs sind die Festlegung der Einkaufspolitik, die Beschaffungsmarktforschung, die Abwicklung des Beschaffungsprozesses und das Einkaufscontrolling.

Einkaufsbudget

Bewerteter Einkaufsplan als Bestandteil des Finanzplanes eines Unternehmens. Das Einkaufsbudget ist zusammen mit dem Bestellobligo ein Lenkungs- und Kontrollinstrument des Einkaufs. Es beschreibt den finanziellen Rahmen, in dem sich der Einkauf bewegen kann.

Einkaufsnetzwerk

1. *Im engeren Sinne:* Die elektronisch gestützte Vernetzung von Lieferanten und Abnehmern im Rahmen elektronischer Märkte.

2. *Im weiteren Sinne:* Jede administrativ-organisatorische Zusammenarbeit von Lieferanten und Abnehmern.

Einkaufspolitik

Teilgebiet der Unternehmenspolitik, das sich mit der Bestimmung von Zielen des Einkaufs und der Festlegung von Instrumenten zur Zielverwirklichung befasst. Wesentliche Ziele der Einkaufspolitik sind die Sicherung der Versorgung mit dem in quantitativer und qualitativer Hinsicht richtigen Material sowie die Minimierung der damit verbundenen Kosten. Die Gewichtung der einzelnen Ziele erfolgt in Abstimmung mit der Unternehmensstrategie.

Teilbereiche:

a) Die *Kontraktpolitik* beinhaltet die vertragliche Ausgestaltung des Einkaufs sowie die Festlegung von Preisen, Konditionen und Gewährleistungsansprüchen. Mögliche Vertragsformen sind Rahmenverträge, Abrufverträge und Sukzessivlieferungsverträge. Während bei Rahmenverträgen die Qualität der Ware und die Liefer- und

Zahlungsbedingungen festgelegt werden, beinhalten Abrufverträge zusätzlich Spannbreiten bez. des Preises und der Liefermenge, die innerhalb eines festgelegten Zeitraumes abgenommen werden müssen. Darüber hinausgehende Vereinbarungen bez. der Lieferzeitpunkte werden in Sukzessivlieferungsverträgen getroffen. Inhalt der Preisgestaltung ist die Bildung fixer oder variabler Preise. Variable Preise können sich z. B. an den tagesüblichen Listen- bzw. Börsenpreisen orientieren oder durch Bindung an Lohn- oder Rohstoffindizes an Veränderungen in der Kostenstruktur der Lieferanten. Eine weitere Einflussmöglichkeit auf den Einkaufspreis ist die Vereinbarung von Preiskonditionen, wie die Gewährung von Rabatten, Boni oder Skonti sowie die Vereinbarung der Lieferkonditionen wie z. B. „frei Haus" oder „ab Werk". Gewährleistungsansprüche beschreiben das Recht auf Wandlung, Lieferung mangelfreier Ware, Preisminderung oder Schadensersatz, soweit die Ware zum Zeitpunkt des Gefahrenüberganges fehlerbehaftet war.

b) *Lieferantenpolitik:* Teilbereiche sind die Lieferantenauswahl, die Lieferantenbeeinflussung und die Festlegung der Form organisatorischer Zusammenarbeit mit dem Lieferanten.

(1) Einflussfaktoren auf die *Lieferantenauswahl* sind Preis und Qualität der Ware, Preis- und Lieferkonditionen, der Lieferservice und die Möglichkeit zu Gegengeschäften. Entscheidungstatbestände der Lieferantenauswahl sind Anzahl und Größe der Lieferanten. Während ein Lieferant (single sourcing) in der Regel gleichbleibende Qualität der eingekauften Waren und eine reibungslose Abwicklung des Bestellvorganges ermöglicht, liegen die Vorteile bei der Wahl mehrerer Lieferanten (multiple sourcing) v.a. in der besseren Markt- und Preistransparenz sowie in einer gesicherteren Beschaffung. Einflussfaktoren auf Entscheidungen bez. der Lieferantengröße bilden neben Preis, Qualität und Konditionen die Flexibilität des Lieferanten und das zu erwartende Abhängigkeitsverhältnis voneinander.

(2) Ein Aufgabenbereich der *Lieferantenbeeinflussung* ist die *Lieferantenpflege*. Sie befasst sich mit der Unterhaltung guter Beziehungen zum Lieferanten sowie mit dem Aufbau bzw. der Erhaltung eines guten Lieferanten-Images (SRM – Supplier Relationship Management).

(3) Die Gestaltung der *Form organisatorischer Zusammenarbeit mit dem Lieferanten* im Rahmen der Lieferantenpolitik beinhaltet Maßnahmen der Lieferantenförderung und -entwicklung. Die *Lieferantenförderung* ist die aktive Unterstützung des Lieferanten bei der Lösung betrieblicher Probleme (z. B. durch Schulungen oder Beratungen). Die *Lieferantenentwicklung* befasst sich dagegen mit dem Aufbau neuer Lieferanten zur Deckung einer bisher nicht oder unbefriedigend erfüllten Nachfrage sowie mit der organisatorisch/technischen Weiterentwicklung bestehender Lieferanten.

c) Die Anpassung der Einkaufspolitik an wirtschaftliche Schwankungen des Beschaffungsmarktes erfolgt im Rahmen der *Marktanpassung*. Sich wandelnde konjunkturelle Entwicklungen führen zu wechselnder Aufteilung der Verhandlungsmacht auf dem Markt. So können z. B. durch antizyklisches Einkaufsverhalten Preisvorteile genutzt und kurzfristig auftretende Angebotslücken abgedeckt werden.

Eisenbahn-Bundesamt (EBA)

1. *Begriff und Merkmale*: Aufsichts-, Genehmigungs- und Sicherheitsbehörde für Eisenbahnen und Eisenbahnverkehrsunternehmen in der Bundesrepublik Deutschland sowie für die Magnetschwebebahnen.

2. *Geschichte:* Das Eisenbahn-Bundesamt (EBA) wurde im Zuge der Strukturreform der Bundeseisenbahnen mit Wirkung vom 1.1.1994 als selbstständige Bundesoberbehörde errichtet und unterliegt der Fach- und Rechtsaufsicht des Bundesministeriums für Verkehr und digitale Infrastruktur (BMVI). Seit dem 1.1.2006 ist die Bundesnetzagentur zuständig für den Zugang zur Eisenbahninfrastruktur.

3. *Aufgaben:* Das Eisenbahn-Bundesamt (EBA) hat im wesentlichen drei Aufgaben – die Planfeststellung für Betriebsanlagen der Eisenbahnen

des Bundes, die Zulassung von Fahrzeugen und Schieneninfrastruktur, die Eisenbahnaufsicht und die Bewilligung von Fördermitteln des Bundes sowie die Durchsetzung von Fahrgastrechten.

Elektronische Versteigerung

Auction, internetbasierte Auktion. Güter und Dienstleistungen werden hierbei über einen virtuellen Marktplatz an den Meistbietenden verkauft oder im Beschaffungsbereich vom Niedrigstbietenden beschafft. In den letzten Jahren haben sich unterschiedliche Auktionsformate herausgebildet (z. B. Hölländische Auktion, reverse Auktion, Japanische Auktion).

Elektronischer Markt

Virtueller Markt, der auf Internettechnologien basiert und zur Durchführung von Markttransaktionen dient. Spezifische Vorteile liegen in der Reduktion der Transaktionskosten und der erhöhten Markttransparenz.

Enterprise-Resource-Planning-System

I. *Begriff*

Ein Enterprise-Resource-Planning-System oder kurz ERP-System dient der funktionsbereichsübergreifenden Unterstützung sämtlicher in einem Unternehmen ablaufenden Geschäftsprozesse. Entsprechend enthält es Module für die Bereiche Beschaffung/Materialwirtschaft, Produktion, Vertrieb, Forschung und Entwicklung, Anlagenwirtschaft, Personalwesen, Finanz- und Rechnungswesen, Controlling usw., die über eine (in Form einer relationalen Datenbank realisierte) gemeinsame Datenbasis miteinander verbunden sind. Durch die unternehmensweite Konsolidierung der Daten ist eine Unterstützung der Planung über sämtliche Unternehmensebenen hinweg (von der Konzernebene über verschiedene Werke, Sparten und Abteilungen bis hin zu einzelnen Lagerorten) möglich.

II. *Historische Entwicklung von ERP-Systemen*

Historisch gesehen sind ERP-Systeme aus Programmen für die Produktionsplanung und steuerung hervorgegangen. Die ersten, in den 1960er-Jahren entwickelten Lösungen unterstützten dabei nur die

Materialbedarfsplanung (Material Requirements Planning, abgekürzt MRP); sie wurden daher auch als MRP-Systeme bezeichnet. Später wurden die MRP-Systeme dann um Funktionalitäten für die übrigen Teilbereiche der Produktionsplanung und -steuerung erweitert und als MRP II-Systeme bezeichnet, wobei MRP in diesem Kontext für Manufacturing Resource Planning steht.

Durch die Integration von Modulen zur Planung und Steuerung auch der übrigen Unternehmensbereiche in das MRP II-Konzept sind schließlich die ERP-Systeme entstanden. Im Gegensatz zu ihren Vorgängern sind sie in ihrer Anwendung nicht mehr auf den industriellen Bereich begrenzt, sondern wirtschaftszweigunabhängig einsetzbar. Das wohl bekannteste ERP-System ist SAP ERP, früher SAP R/3.

III. *Weiterentwicklung von ERP-Systemen*

Mit zunehmender Vernetzung der Unternehmen in Form sog. *Supply Chains* wird eine rein unternehmensbezogene Planung und Steuerung heute jedoch als nicht mehr ausreichend angesehen. Die Geschäftsprozesse sollen vielmehr unternehmensübergreifend geplant und gesteuert werden. Bei den Softwaresystemen, die eine derartige unternehmensübergreifende Planung und Steuerung der Geschäftsprozesse im Sinne des *Supply Chain Managements* unterstützen, sind ERP II- und APS-Systeme zu unterscheiden.

ERP II-Systeme beinhalten eine Erweiterung klassischer ERP-Systeme um Funktionen zur Unterstützung unternehmensübergreifender Prozesse. Der Fokus liegt dabei auf einer durchgängigen Prozessunterstützung und dem zwischenbetrieblichen Informationsaustausch durch standardisierte Komponenten und internetbasierte Schnittstellen (sog. serviceorientierte Architekturen, abgekürzt SOA).

APS-Systeme hingegen kommen zusätzlich zu klassischen ERP-Systemen zum Einsatz. Im Gegensatz zu ERP II-Systemen lösen sie den Einsatz von (traditioneller) ERP-Software in den Unternehmen nicht ab, sondern integrieren die ERP-Systeme verschiedener Unternehmen entlang der Supply Chain und optimieren durch die Bereitstellung fortschrittlicher oder fortgeschrittener („advanced") Algorithmen die unternehmensübergreifenden Geschäftsprozesse. Daher kommt auch die Abkürzung APS, die für *Advanced Planning and Scheduling* steht. Die Produktionsplanung der einzelnen Mitglieder in der Lieferkette wird dabei mit der Planung der Beschaffung von Vorlieferanten und dem Absatz der nachfolgenden Kettenglieder abgestimmt (vgl. Abbildung unten). Waren zuvor hohe Bestände in den Zwischenlagern der Kette aus Unkenntnis der kurzfristigen Dispositionsabsichten der Kettenglieder angelegt worden, so können durch SCM die durchschnittlichen Bestände gesenkt werden. Man spricht auch davon, dass die bessere Information die Bestände ersetzt. Während die Beschaffung in vielen Branchen von der Annahme ausgeht, dass die Lieferanten stets in der geforderten Menge termingerecht lieferfähig sind, ist dies nicht in allen Branchen der Fall. Bei Produkten mit kurzen Produktlebenszyklen, wie in der Modebranche oder in der Consumer-Elektronik, sind die erforderlichen Spezialartikel häufig nicht zu beliebigen Mengen verfügbar, sondern knapp und auch nicht stets termingerecht lieferbar. Aus diesem Grunde muss dort bei der Beschaffung eine enge Abstimmung in der Supply Chain mit dem Lieferanten erfolgen, um frühzeitig Lieferengpässe aufzuspüren und damit den Herstellern eine Möglichkeit zur Umdisposition der laufenden Produktion zu geben. Die SCM-Software unterstützt diese Engpass-Disposition, indem sie auf den aus den ERP-Systemen der beteiligten Unternehmen in der Lieferkette gewonnenen Daten aufsetzt und diese Daten mithilfe der Internettechnologie kommuniziert und koordiniert.

Über den unternehmensübergreifenden Ansatz hinaus betreffen weitere wichtige Fortschritte von APS-Systemen die (zumindest teilweise) Ablösung des streng hierarchischen Sukzessivplanungskonzepts der traditionellen PPS- und ERP-Systeme durch simultane Planungsmethoden (insbesondere simultane Losgrößen- und Kapazitätsplanung) sowie die Verwendung von inkrementellen Planungsverfahren, die bei einer Veränderung von Planungsdaten eine Fortschreibung der Pläne unter Berücksichtigung der Datenänderungen ermöglichen und somit einen kompletten und

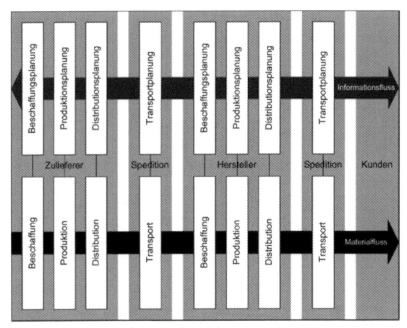

Koordination entlang der Lieferkette mit SCM-Software

zeitintensiven Neuaufwurf der Planung wie bei den klassischen PPS- und ERP-Systemen überflüssig machen.

Die folgende Abbildung stellt den Zusammenhang zwischen MRP-, MRP II-, ERP- und APS-Systemen zusammenfassend graphisch dar. In der

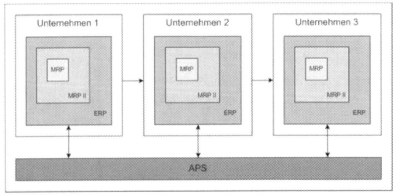

Zusammenhang zwischen MRP-, MRP II-, ERP- und APS-Systemen

Praxis ist der Übergang zwischen ERP- und APS-Software allerdings fließend. So bezeichnet SAP heute sein gesamtes Softwarepaket als SAP ERP. Darunter fällt auch das Modul SAP SCM für die Unterstützung der Supply-Chain-Prozesse.

Die folgende Abbildung fasst den Entwicklungspfad von ERP-Systemen noch einmal zusammen.

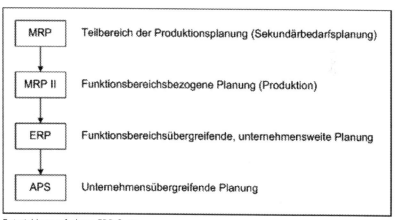

Entwicklungspfad von ERP-Systemen

Entsorgung

1. *Rechtlich* umfasst die Entsorgung von Abfällen, deren Verwertung und Beseitigung § 3 VII KrW-/AbfG.

2. *Aus betrieblicher Sicht* zählen zum Bereich der Entsorgung:

(1) Einstufung von Abfällen nach technisch-physikalischen Eigenschaften;

(2) Erfassen, Sammeln, Umformen, Selektieren, Aufbereiten, Regenerieren, Vernichten, Verwerten und Verkaufen der zu entsorgenden Stoffe;

(3) Durchführung aller übrigen zur Entsorgung notwendigen Aktivitäten, wie z. B. der Abtransport oder die Verschrottung gemäß den gesetzlichen Auflagen sowie den technischen Gegebenheiten.

Entsorgungslogistik

Anwendung der Logistikkonzeption auf Reststoffe, um mit allen Tätigkeiten der raum-zeitlichen Transformation, einschließlich der Mengen- und Sortenänderung, einen ökonomisch und ökologisch effizienten Reststoff-Fluss zu gestalten. Zu den Objekten der Entsorgungslogistik gehören als Reststoffe sämtliche rein stofflichen Nebenprodukte von Produktions-, Distributions- und Konsumtionsprozessen.

Nach dem Kriterium „Verwendbarkeit/Verwertbarkeit" lassen sich die Reststoffe weiter aufteilen in nicht mehr wiedereinsetzbare Rückstände und recyclingfähige Wertstoffe. Auf einer dritten Ebene sind nach dem Aggregatzustand Abwasser, Abfall und (feste Bestandteile der) Abluft zu unterscheiden.

In die Konzeption der Entsorgungslogistik fließen neben ökonomischen auch ökologieorientierte Ziele ein. Während zu den erstgenannten vornehmlich Kosten- und Serviceziele im Bereich der Entsorgung zählen, beziehen sich die letztgenannten auf die Erreichung einer hohen Wiedereinsatzquote sowie auf eine möglichst umweltgerechte Durchführung der entsorgungslogistischen Prozesse der Lagerung, des Transports, des Umschlags, der Sammlung und Trennung (Sammel- und Trennverfahren) sowie der Verpackung.

Ersatzteillogistik

Teilweise synonym für *Servicelogistik*. Teilsystem des logistischen Gesamtsystems einer Unternehmung (Logistik). Bei der Gestaltung der Ersatzteillogistik ist zu unterscheiden zwischen der Ersatzteillogistik beim Hersteller und der Ersatzteillogistik beim Verwender (Abnehmer).

1. Ersatzteillogistik *beim Hersteller*: Aufgabe der Ersatzteillogistik beim Hersteller ist es, die Ersatzteilversorgung der Primärproduktverwender

unter der Wahrung eines optimalen Verhältnisses von Lieferserviceniveau und Logistikkosten zu gewährleisten. Ziel ist es, durch eine gute Versorgung der Primärproduktverwender diese als Wiederkäufer zu erhalten oder neue Kunden zu gewinnen (Ersatzteillogistik als Marketinginstrument). Die Ersatzteillogistik wird auch gezielt zur Gewinnung zusätzlicher Deckungsbeiträge genutzt.

2. Ersatzteillogistik *beim Abnehmer:* Dagegen hat die Ersatzteillogistik beim Abnehmer die Aufgabe der Ersatzteilbeschaffung und deren Einsatz zur Instandhaltung der Betriebsmittel.

Entsprechend den unterschiedlichen Zielsetzungen bei Hersteller und Abnehmer werden die einzelnen Subsysteme der Ersatzteillogistik (Auftragsabwicklung, Lagerhaltung, Bestandsmanagement, Verpackung, Transport) unterschiedlich gestaltet.

Ersatzverkehr

Personen- und/oder Güterbeförderung mit anderen als den für den Verkehrszweig typischen Fahrzeugen.

Beispiele: Schienen-Ersatzverkehr mit Omnibussen parallel zu Eisenbahnstrecken; Luftfracht-Ersatzverkehr mit Lastkraftwagen zur Beförderung des Luftfrachtgutes (Trucking).

Expressgut

Oberbegriff für Sendungen, die innerhalb kurzer Zeit vom Versender zum Empfänger befördert werden. Hierauf spezialisierte Logistikdienstleister werden als KEP-Dienstleister (Kurier-, Express- und Paketdienste) bezeichnet.

Fabrikplanung

Strukturierte Planung von Fertigungsanlagen. Dazu gehören im Wesentlichen die Gebäudeplanung, das Fertigungsanlagenlayout, die Planung der Ver- und Entsorgung einschließlich der Materialflussplanung sowie die Verknüpfung der Fertigungsanlagen untereinander sowie mit vor- und nachgelagerten Prozessstufen.

Fahrplan

Programm zur räumlichen und zeitlichen Abwicklung von Personen- und/ oder Gütertransporten im Linienverkehr, das in der Regel Interessenten bekannt gegeben wird (im Luftverkehr: *Flugplan*). Der Fahrplan einer Linie (Relation) oder eines Liniennetzes enthält mindestens Angaben über die Stationen je Linie mit Transportmittelankunfts- und/oder -abfahrtszeiten je Station.

Betriebswirtschaftlich ist ein Fahrplan das Ergebnis der verkehrsbetrieblichen Produktionsprogrammplanung für eine bestimmte Periode (Fahrplanperiode).

Fahrzeugerfolgsrechnung

Kurzfristige Erfolgsrechnung zur Ermittlung der Einsatzergebnisse einzelner Fahrzeuge (Kraftfahrzeug, Flugzeug, Schiff) während einer Periode; meist als Deckungsbeitragsrechnung ausgebildet.

Fertigungsdislozierung

Verteilung der Fertigung eines Produktes oder Produktionsprogramms auf mehrere auseinander liegende geografische Standorte, z. B. nach Gesichtspunkten der Kunden- und Marktnähe oder aus Gründen der Fertigungskostenreduzierung.

First Tier Supplier

Lieferant, der direkt an den Produzenten eines Fertigprodukts oder eines komplexen Bauteils liefert.

Flächenverkehr

Teilweise synonym für *Distributionsverkehr.* Verkehr bzw. Transporte zur Verbindung vieler nahe beieinander liegender Orte außerhalb von Ballungsräumen. Der Gegensatz zum Flächenverkehr ist der Streckenverkehr.

Flotte

Gesamtheit aller Fahrzeuge (in der Regel) Lkw, Schiffe oder Flugzeuge) einer organisatorischen Einheit (z. B. Unternehmung, Staat) und/oder bestimmter Bauart und/oder bestimmter Einsatzart (z. B. Handels-, Fischerei-, Kriegs-, Tanker-, Luftfracht-Flotte, Fahrzeugflotte).

Fracht

1. *Entgelt oder Preis* für den Transport von Gütern.

2. Zu transportierende Güter (*Frachtgut*).

Frachtführer

I. *Begriff*

Durch den Frachtvertrag wird der Frachtführer verpflichtet, Frachtgut zu Lande, auf Binnengewässern oder mit Luftfahrzeugen zu befördern und dort an den Empfänger abzuliefern. Handelt es sich um den Betrieb eines gewerblichen Unternehmens, gelten die §§ 407 – 452 d HGB.

Bei der Güterbeförderung zur See entspricht dem Frachtführer der *Verfrachter* (§§ 407, 559 HGB).

II. *Pflichten*

1. *Sorgfältige Ausführung* der Beförderung, v.a. Einhaltung der Lieferfrist (§ 423 HGB).

2. *Befolgen der Anweisungen des* Absenders bzw. des Empfängers (§ 418 HGB).

3. *Haftung:* Der Frachtführer haftet auf *Schadensersatz* bei Verletzung dieser Pflichten, wenn er nicht beweist, dass der Schaden auch bei größter Sorgfalt nicht abgewendet werden konnte (§§ 425 – 427 HGB).

a) Der Frachtführer haftet für seine Angestellten oder andere Personen, die er zur Beförderung zuzieht (z. B. Unter- und Zwischenfrachtführer), §§ 436 – 437 HGB, z. B. auch für Büroangestellte, die mit der Beförderung unmittelbar nichts zu tun hatten. Zum Fall eines Anspruchs des Auftraggebers gegen den Hauptfrachtführer auf Durchführung einer Drittschadensliquidation beim Frachtführer, wenn der Auftraggeber gegenüber dem Hauptfrachtführer wegen einer Haftungslimitierung nicht vollständig durchdringen konnte vgl. BGH, Urt. v. 18.3.2010, I ZR 181/08: Anspruch bejaht, weil der Frachtführer sich nicht mit Erfolg auf § 437 II HGB berufen konnte. Grund: Diese Bestimmung gilt nur für Einwendungen, die sich gegen den gesetzlichen Anspruch des Geschädigten nach § 437 I HGB richten.

b) Der *Umfang* der Ersatzpflicht ist bei Verlust des Gutes beschränkt auf den Ersatz des gemeinen Handelswertes oder sonstiger gemeiner Werte bzw. bei Beschädigung auf Ersatz der Wertdifferenz (§ 429 HGB). Zugunsten des Frachtführers greifen Haftungshöchstbeträge ein (§§ 431, 433 HGB).

c) Bei *Vorsatz* oder Leichtfertigkeit muss der Frachtführer vollen Schadensersatz leisten. Bei Versäumung der Lieferfrist keine Haftungsbeschränkung.

d) Eine *andere Haftungsregelung* wird meist vereinbart, indem Allgemeine Geschäftsbedingungen (AGB) Vertragsinhalt werden, z. B. Allgemeine Deutsche Spediteurbedingungen (ADSp), die für den Spediteur gelten, auch wenn er selbst als Frachtführer tätig wird, oder die Beförderungsbedingungen für den Umzugsverkehr (GüKUMT).

4. *Erlöschen* der Pflichten:

a) Der Frachtführer wird aus dem Frachtvertrag frei mit der Annahme des Gutes und der Bezahlung der Fracht samt Nebenkosten durch den Empfänger (§ 420 I HGB). Damit erlöschen alle Ansprüche gegen den Frachtführer, soweit nicht schriftlich Schadensanzeige erfolgt (§ 438 I – V HGB):

(1) wegen Verlust oder erkennbarer Beschädigung spätestens bei Ablieferung;

(2) wegen äußerlich nicht erkennbaren Verlusts oder Beschädigung innerhalb von sieben Tagen;

(3) bei Überschreitung der Lieferfrist innerhalb von 21 Tagen.

b) Ansprüche gegen den Frachtführer aus Verletzung seiner Pflichten *verjähren*, ausgenommen bei Vorsatz, in einem Jahr (§ 439 HGB).

III. *Rechte*

1. Der Absender muss dem Frachtführer das Gut nebst Begleitpapieren in ordentlichem Zustand und sicher verpackt *übergeben* (§§ 411, 413 HGB); der Frachtführer kann die Ausstellung eines Frachtbriefes verlangen (§ 408 HGB).

2. Anspruch auf *Zahlung* der Fracht nach Ausführung der Beförderung (§ 407 II HGB) und auf Ersatz der notwendigen Auslagen und Vorschüsse (§ 420 I HGB).

3. Der Frachtführer hat ein gesetzliches *Pfandrecht* am Gut wegen aller durch Frachtvertrag begründeten Forderungen, solange er das Gut in Besitz hat oder durch Traditionspapiere darüber verfügen kann (Entstehung auch durch gutgläubigen Erwerb möglich, § 366 III HGB). Das Pfandrecht dauert über die Ablieferung des Gutes hinaus fort, wenn der Frachtführer es binnen drei Tagen nach Ablieferung gerichtlich geltend macht und das Gut noch im Besitz des Empfängers ist (§ 441 I – III HGB). Bei mehreren gesetzlichen Pfandrechten (z.B. aus Fracht, Spedition und Lagervertrag) schreibt § 443 HGB eine bestimmte Rangordnung vor.

IV. *Rechtsstellung mehrerer Frachtführer*

1. *Ausführender Frachtführer:* Wird die Beförderung ganz oder teilweise einem Dritten anvertraut, so haftet dieser in gleicher Weise wie der Frachtführer (Gesamtschuld), § 437 HGB.

2. *Nachfolgender Frachtführer:* Hat im Fall der Beförderung durch mehrere Frachtführer der Letzte bei der Ablieferung die Forderungen der

vorhergehenden Frachtführer einzuziehen, so hat er die Rechte der vorhergehenden Frachtführer, v.a. auch das Pfandrecht, auszuüben, § 442 HGB.

Frachtgeschäft

Beförderung von Gütern gegen Entgelt durch Frachtführer aufgrund eines Frachtvertrags. Das Frachtgeschäft gehört zu den Beförderungsgeschäften. Auch wenn ein Kaufmann, der nicht Frachtführer ist, im Betrieb seines Handelsgewerbes ein Frachtgeschäft abschließt, gelten die Vorschriften des HGB über das Frachtgeschäft (§§ 425, 451 HGB).

Frachtvorlage

Auslagen eines Verkehrsbetriebes, insbesondere Spedition, Makler und Agenten beim Ein- oder Ausgang von Gütern für Forderungen Dritter an seinen Kunden (z. B. Frachten, Lagergelder, Nachnahmen, Zölle, Steuern, Versicherungsprämien).

Fulfillment

Gesamter Prozess der Auftragsabwicklung im E-Commerce. Er umfasst Lagerung, Kommissionierung, Transport, Auslieferung und teilweise die Bezahlung der Ware sowie den After-Sales-Service bis hin zur Retourenbearbeitung. Er setzt unmittelbar nach der Bestellung ein. Neben den oben genannten Aufgaben kann der Fulfillment-Prozess auch das Content Management bzw. die Pflege des E-Shops sowie das Warenwirtschaftssystem beinhalten.

G

Gebrochener Verkehr

Beförderung von Personen und/oder Gütern mit Wechsel der Transportmittel durch Umsteigen und/oder Umladen zwischen Abgangs- und Ankunftsort.

Gefahrgut

Stoffe und Gegenstände, von denen aufgrund ihrer Natur, ihrer Eigenschaften oder ihres Zustandes im Zusammenhang mit der Beförderung Gefahren für die öffentliche Sicherheit oder Ordnung, v.a. für die Allgemeinheit, für wichtige Gemeinschaftsgüter, für Leben und Gesundheit von Menschen, Tieren und Sachen ausgehen können (Gesetz über die Beförderung gefährlicher Güter i.d.F. vom 7.7.2009, BGBl. I 1774, 3975).

Behandlung der Gefahrgüter *im Verkehr* unterliegt detaillierten nationalen und internationalen Regelungen und behördlicher Überwachung, Verstöße sind Straftat oder Ordnungswidrigkeit.

Gefahrgutlogistik

Logistische Prozesse (Logistik) für Gefahrgüter. Aus der Sicht der Logistik sind die Aufgaben der Lagerung und der Verpackung sowie insbesondere des Transports gefährlicher Güter hervorzuheben. Im Rahmen der Lagerung müssen spezielle Sicherheitsläger für Gefahrgüter eingerichtet werden, die z.B. mit feuerbeständigen Trennwänden, automatischer Brandmeldung und Löschvorrichtungen ausgestattet sind und in denen ein striktes Zusammenlagerungsverbot berücksichtigt wird. Auch im Zuge der Verpackung von Gefahrgütern gilt ein generelles Zusammenpackverbot mit anderen Gütern. Die besonderen Risiken des Gefahrguttransportes liegen darin begründet, dass zusätzlich zu den auf den Verkehrswegen üblichen Unfallrisiken das Risiko der Freisetzung gefährlicher Stoffe besteht. Als Ansatzpunkte zur Minderung der potenziellen Risiken von Gefahrguttransporten kommen die Verkehrswege, die Verkehrsmittel und deren technischer Standard sowie das Verhalten der am Gefahrguttransport Beteiligten in Frage. Zu letzteren zählen Hersteller, Verpacker, Absender, Verlader, Beförderer, Fahrzeugführer und Beifahrer, Fahrzeughalter und Gefahrgutbeauftragte, die für eine lückenlose Information aller in den Transport gefährlicher Güter eingeschalteten Personen und Institutionen zu sorgen haben. Zudem obliegt den Gefahrgutbeauftragten die Aufgabe, die Einhaltung der Vorschriften über die Beförderung gefährlicher Güter zu überwachen, die mit dem Transport beauftragten Personen zu schulen sowie Mängel, die die Sicherheit beim Transport gefährlicher Güter beeinträchtigen, dem Unternehmer oder Inhaber anzuzeigen.

Güterfernverkehr

In Deutschland der Güterverkehr außerhalb des Bereichs der Nahzone (bis 50 km) (Güternahverkehr) oder der Regionalzone (51 bis 150 km); wobei die institutionelle Abgrenzung zwischen diesen Bereichen 1994 aufgehoben wurde und heute die Unterscheidung nur noch für Zwecke der Verkehrsstatistik relevant ist.

Güterkraftverkehr

Die geschäftsmäßige oder entgeltliche Beförderung von Gütern mit Kraftfahrzeugen, die einschließlich Anhänger ein höheres zulässiges Gesamtgewicht als 3,5 t haben. Dabei wird zwischen dem gewerblichen Güterkraftverkehr und dem Werkverkehr unterschieden, bei dem es sich um Güterkraftverkehr für eigene Zwecke eines Unternehmens handelt. Einzelheiten u.a. hinsichtlich der Erlaubnispflicht, der Mitführungs- und Aushändigungspflichten im gewerblichen Güterkraftverkehr und der Aufgaben und Befugnisse des Bundesamtes für Güterkraftverkehr regelt das Güterkraftverkehrsgesetz vom 22.6.1998 (BGBl. I 1485) m. spät. Änd. nebst der hierzu ergangenen Rechtsverordnung (Berufszugangsverordnung für den Güterkraftverkehr [GBZugV] vom 21.12.2011 [BGBl. I 3120]).

Güterverkehrszentrum (GVZ)

Modellkonzeption eines zentralen Güterverteilungssystems, bei dem Logistik- und Verkehrsbetriebe an einem verkehrsgünstigen Standort mit Anschluss möglichst vieler Verkehrsträger kooperieren. Die Flächen und Räume der Gemeinschaftsanlage werden auf Mietbasis vergeben, sodass die Selbstständigkeit der Unternehmen erhalten bleibt. Neben der Umschlags- und Kommissionierfunktion werden durch diese auch Verpackungs-, Lager- und Servicefunktionen wahrgenommen. Zielsetzung bei der Einrichtung von Güterverkehrszentren ist die Nutzung der Systemstärken der verschiedenen Verkehrsträger, eine bessere Nutzung der Verkehrsinfrastruktur und eine Zusammenfassung zersplitterter Transporte.

Besondere *Bedeutung* haben Güterverkehrszentren in drei Bereichen:

a) Als *Schnittstelle zwischen Nah- und Fernverkehr* dienen Güterverkehrszentren dazu, Teilladungen zu größeren Ladungen zusammenzufassen.

b) Als *Umschlag-Terminal im kombinierten Verkehr* bewirken Güterverkehrszentren eine Stärkung der Kooperation zwischen Schiene, Wasserstraße und Straße.

c) Als *Teil einer City-Logistik* ermöglichen Güterverkehrszentren, Transporte zur Versorgung von Unternehmen im Innenstadtbereich zusammenzufassen.

Dieses Konzept hat durch die reduzierten Bestände der Handelsunternehmen und der damit verbundenen erhöhten Lieferfrequenz bei gleichzeitig hoher Verkehrsdichte im Stadtverkehr eine besondere Bedeutung. Es ist kommunalpolitisch häufig gewünscht, hat sich aber in der Praxis wegen der oft fehlenden Kooperationsbereitschaft der zu beteiligenden Partner nicht durchgesetzt.

Hochregallager

Lager großer Höhe (häufig ca. 30 m, z.T. über 40 m) mit Fachregalen für Paletten, Kartons oder Kästen, die in der Regel durch automatische Fördereinrichtungen ver- und entsorgt werden.

Holsystem

1. *Produktion:* Organisatorisches Prinzip, bei dem sich der Bedarfsträger das Material aus dem Lager oder bei den im Materialfluss vorgelagerten Stellen abholt. Holsystem ist u.a. Element des Kanban-Systems.

Vorteile: Entlastung der Lagerverwaltung und Arbeitsvorbereitung; Stärkung der Eigenverantwortlichkeit; keine größeren Materialbestände am Werkplatz.

Nachteile: Arbeitszeitverlust in der Werkstatt, zu vermindern durch Zeitplan für Materialabholung und räumlich sinnvolle Zuordnung von Werkstätten und Lagern.

2. *Entsorgungslogistik:* Sammel- und Trennverfahren.

Huckepack-Verkehr

Kombinierter Verkehr, bei dem Lastkraftwagen, Sattelzüge *(rollende Landstraße),* Anhänger, Auflieger und Wechselbehälter als Ladeeinheiten des Schienenverkehrs auf Eisenbahnwagen transportiert werden. Der Huckepack-Verkehr wird in Deutschland von der *Kombiverkehr kg* abgewickelt, an der neben der DB Mobility Logistics AG rund 230 Unternehmen des Straßengüterverkehrs beteiligt sind.

Innerbetriebliche Logistik

Früher teilweise synonym verwendet zu Produktionslogistik; heute werden alle innerbetrieblichen logistischen Prozesse unter dem Begriff Intralogistik zusammengefasst.

International Air Transport Association (IATA)

Internationale Institution zur weltweiten Interessenvertretung des kommerziellen Luftverkehrs. Tätig z. B. auf den Gebieten der Rationalisierung,

Standardisierung und Sicherheit im internationalen Luftverkehr und in der Ab- und Verrechnung von Forderungen und Verbindlichkeiten zwischen Luftverkehrsgesellschaften (IATA Clearing House).

Internationale Logistik

I. *Begriff*

Der Begriff internationale Logistik bezeichnet Logistiksysteme und -prozesse, die die nationalen Grenzen überschreiten. Ein Blick in die gegenwärtige Wirtschaftspraxis zeigt, dass bereits heute die große Zahl der Logistiksysteme grenzüberschreitend ausgelegt ist. Das bildet das Ergebnis der fortschreitenden Internationalisierung in Industrie, Handel und Dienstleistung. Ein wahrer Internationalisierungsschub setzte weltweit Anfang der achtziger Jahre ein. Seit dieser Zeit beobachten wir einen beschleunigten und progressiven Verlauf des Internationalisierungsprozesses. Prognosen schreiben diesen Trend auch für die Zukunft fort. Unter der Wissenschaftsdisziplin Logistik ist die internationale Logistik zu verstehen (internationales Management).

II. *Konzeption*

Ausgangsbasis für die Konzeption der internationalen Logistik bilden die Auffassungen über Logistik. Hierbei hat sich mehrheitlich das Verständnis durchgesetzt, wonach unter Logistik das Management der Material- und Warenflüsse sowie der Informations- und Geldflüsse in Wertschöpfungssystemen zu verstehen ist. Danach besteht die große Herausforderung der Logistik darin, die Wertschöpfungsprozesse im Unternehmen oder in einem unternehmensübergreifenden Netzwerk so zu konfigurieren und zu koordinieren, dass die Kundenaufträge in kurzer Zeit und hoher Qualität zu niedrigen Kosten erfüllt werden.

Inhalt einer Konzeption sind Aussagen über Ziele, Aufgaben und Instrumente. Die Ziele der Internationalen Logistik sind:

a) Die Wertsteigerung von Produkten durch *Logistikserviceleistungen.* Die sich vom Mutterland unterscheidenden fremden Kulturbereiche setzen spezifische Erwartungen an den Logistikservice.

b) Die Reduzierung/Optimierung der *Logistikkosten.* Dazu gehören v.a.
    die Kosten für die Planung und Steuerung transnationaler Produkti-
    onsnetze, für die weltweite Beschaffung (Global Sourcing), die inter-
    nationale Distribution der Fertigwaren (Global Distribution) und die
    Kosten für die internationalen Gütertransportnetze.

c) Die Anpassungs- und Entwicklungsfähigkeit der länderübergreifen-
    den *Logistiksysteme* (Beschaffungs-, Produktions-, Distributions- und
    Entsorgungslogistiksysteme).

Die Aufgaben der internationalen Logistik können in drei Aufgabenfel-
der unterteilt werden. Ein erstes Aufgabenfeld beinhaltet auf der strategischen Managementebene die Abstimmung zwischen den Internatio-
nalisierungsstrategien des Unternehmens und der Logistik. So sind die
logistischen Anforderungen in einem exportorientierten Unternehmen
ganz andere als in einem Unternehmen mit Direktinvestitionen und Aus-
landstöchtern. Da die Logistik einen entscheidenden Wettbewerbsfaktor
in internationalen Unternehmen bildet, nimmt sie auch in hohem Maße
Einfluss auf die Entscheidungen über die Internationalisierungsstrate-
gien. Das zweite Aufgabenfeld fasst alle Aufgaben zusammen, die sich auf
die internationale Standortverteilung der Wertaktivitäten (z. B. die Standorte der Produktionswerke, die Standorte von Forschungs- und Entwick-
lungszentren sowie die Standorte von Lagerhäusern/Distribution Cen-
ter) und auf die Gestaltung der Material-, Waren-, Informations- und
Geldflüsse zwischen den Standorten und kooperierenden Unternehmen
beziehen. Das dritte Aufgabenfeld beinhaltet die Umsetzung der Strategien und Wertschöpfungssystemstrukturen in operative Geschäftserfolge
(z. B. Umsatzwachstum auf den Auslandsmärkten und Return of Capital
Employed).

Zur Durchführung der genannten Aufgaben bedient sich die internationale Logistik der bekannten Managementinstrumente. Das sind im Besonderen die Szenario-Technik zur Analyse und Prognose der für die Logistik relevanten Umweltbedingungen, die Portfoliotechnik zur Auswahl der
internationalen Logistikstrategien sowie die Produktionsplanungs- und

Steuerungssysteme (PPS) bzw. Advanced Planning and Scheduling Systems (APS).

III. Internationale Logistikstrategien

Die internationalen Logistikstrategien hängen direkt mit den internationalen Strategien von Unternehmen zusammen. Im Wesentlichen werden vier Strategietypen unterschieden; angefangen von der nur exportorientierten Strategie eines Unternehmens mit Sitz im Heimatland bis hin zur globalen Strategie eines Weltmarktunternehmens. Jeder Strategietyp besitzt sein spezifisches internationales Logistiksystem. Das heißt, dass z. b. zu der globalen Strategie eines internationalen Unternehmens typischerweise auch nur eine globale Logistikstrategie passt. Die Merkmale der vier internationalen Logistikstrategietypen sind:

1. *Exportorientierte Logistikstrategie:* Ein Unternehmen mit einer exportorientierten Logistikstrategie produziert ausschließlich auf dem Heimatmarkt. Die internationalen Geschäftsaktivitäten werden durch den Warenexport geprägt. Diese Aktivitäten können von dem Import von Einsatzgütern begleitet sein. Für die Logistik folgt daraus, dass sich die internationalen Logistikprozesse auf den grenzüberschreitenden Transport der Import- und Exportgüter, die in der Regel nicht in Regie des Unternehmens sondern eingeschalteter Exporteure sowie Importeure wahrgenommen werden, reduziert.

2. *Multinationale Logistikstrategie:* Bei dieser ist das Unternehmen auf den einzelnen nationalen Absatzmärkten mit der kompletten Wertschöpfungskette jeweils präsent. Forschung und Entwicklung und Produktion der auf den Auslandsmärkten nachgefragten Waren sind in den jeweiligen Ländern angesiedelt. Zwischen den Auslandsmärkten finden keine übergreifenden Abstimmungen statt. Die höchste Umsetzungsstufe der multinationalen Strategie findet sich in dem dezentralen Modell des Weltmarktunternehmens wieder. Die dazu passenden Logistiksysteme sind umfassend an die nationalen Besonderheiten angepasst. Es sind autonome Systeme. Lokale Marktnähe bildet die zentrale Zielsetzung dieser

Strategie. Synonyme Bezeichnungen sind Lokale oder Länderspezifische Logistikstrategie.

3. Einfache globale Logistikstrategie: Diese ist typisch für das zentralisierte Organisationsmodell des Weltmarktunternehmens. Globale Effizienz ist die Zielsetzung. Produziert wird an einem zentralen Standort in der Welt, von dem aus die Waren weltweit distribuiert werden. Die Logistiksysteme sind weltweit aufgestellt. Das Logistikmanagement der Beschaffungs-, Produktions-, Distributions- und Entsorgungsprozesse wird für alle Beschaffungs- und Absatzmärkte zentral wahrgenommen. Länderspezifische Bedingungen werden bis auf den Einfluss auf die Durchführung von Gütertransporten ignoriert.

4. Transnationale Logistikstrategie: Die Wertaktivitäten (F&E, Produktion, etc.) sind auf die vorteilhaftesten Standorte in der Welt verteilt. Zwischen diesen Standorten findet ein intensiver Leistungsaustausch in Form des integrierten Netzwerks mit ständigem Austausch von Komponenten, Produkten, Informationen und Ressourcen statt. Globale Effizienz, lokale Marktnähe und hohe Innovationsfähigkeit sind die zentralen Strategieziele. Synonyme sind Globale Koordinationsstrategie oder Mischstrategie. Die Anforderungen an die Koordination der Material-, Waren-, Informations- und Geldflüsse sind bei der transnationalen Logistikstrategie am größten.

Intralogistik

Planung, Einrichtung, Durchführung und Kontrolle innerbetrieblicher Materialflüsse in Fertigungs- und Handelsunternehmen sowie in öffentlichen Einrichtungen mittels fördertechnischer Systeme und unterstützender Informationssysteme.

Just in Time (JIT)

Organisationsprinzip, das die bedarfsgesteuerte Implementierung unternehmensinterner und -übergreifender Güteraustauschprozesse zum Ziel hat. Die Just-in-time-Produktion und -Zulieferung zielt über durchgängige Material- und Informationsflüsse entlang der gesamten

Wertschöpfungskette auf eine hohe Markt- und Kundenorientierung unter gleichzeitiger Bestandsreduzierung in der Wertschöpfungskette.

Als konstitutive Bausteine des Just-in-time-Konzeptes werden in der Regel die integrierte Informationsverarbeitung (Einführung des Holprinzips, IT-basierte Kommunikation in Produktion und Beschaffung, Kombination mehrerer Planungs- und Steuerungsmethoden), die Fertigungssegmentierung (Schaffung produkt- und technologieorientierter Produktionseinheiten, Gruppenorganisation, Flussoptimierung) und die produktionssynchrone Beschaffung angesehen. Die Realisation von Just-in-time-Konzepten führt zur Reduzierung des Umlaufvermögens und verändert somit die vertikale und horizontale Bilanzstruktur.

Kennzahlen

Zusammenfassung von quantitativen, d.h. in Zahlen ausdrückbaren Informationen für den innerbetrieblichen *(betriebsindividuelle Kennzahlen)* und zwischenbetrieblichen *(Branchen-Kennzahlen)* Vergleich (etwa Betriebsvergleich, Benchmarking).

Kennzahlen in der Logistik: Haben sowohl für das operative als auch das strategische Logistik-Controlling eine hohe Bedeutung. Ausgehend von den Zielen der Logistik sollen Logistik-*Kennzahlen* über physische, administrative und dispositive Leistungsmengen, die Erreichung von Servicegraden sowie die Logistikkosten Aufschluss geben. Die Zusammenführung der Einzel*kennzahlen* zu einem *Kennzahlen*system orientiert sich an der Gesamteffizienz der Logistik. Die Abbildung des Leistungsvolumens der Logistik setzt die Normierung von Leistungsstandards voraus, die für einzelne logistische Leistungen vorgegeben werden. Über die Erfassung der Ist-Leistungsdaten und deren Aggregation lassen sich *Kennzahlen* über die Logistikleistungen bilden wie z. B. das Verhältnis von Ist-Einsatzstunden zu möglichen Einsatzstunden oder die Relation von Ist-Ladung zu möglicher Ladung von Transportmitteln. Die servicegradbezogenen Logistik-*Kennzahlen* dienen zur Beurteilung der Qualität der Logistikleistungen. Sie lassen in diesem Zusammenhang auch Aussagen über die innerbetrieblichen Durchlaufzeiten zu.

Beispiele hierfür sind das Verhältnis der termingerecht ausgelieferten Bedarfsanforderungen zu der Gesamtzahl der Bedarfsanforderungen als Maßgröße für die Lieferzuverlässigkeit; die Relation der ab Lager erfüllten Bedarfsanforderungen zu der Gesamtzahl der Bedarfsanforderungen als Kenngröße für die Lieferbereitschaft; der Quotient aus der Anzahl der Beanstandungen und der Gesamtzahl der Bedarfsanforderungen als Ausdruck für die Lieferbeschaffenheit sowie die Beziehung der erfüllten Sonderwünsche als Maßstab für die Lieferflexibilität. Die *Kennzahlen* zu den Logistikkosten setzen an den Ergebnissen der Logistikkostenrechnung an. Aufgrund der einheitlichen Wertdimension sind sie am ehesten auch bereichs- oder unternehmensübergreifend vergleichbar. Beispielhaft kommen die Transportkosten pro Tonnenkilometer oder die Transportkosten je Sendung zur Anwendung.

KEP-Dienst

Kurier-, Express- und Paket-Dienst; Anbieter von KEP-Diensten transportieren vornehmlich Sendungen mit relativ geringem Gewicht (bis ca. 30 kg) und Volumen, wie z. B. Briefe, Dokumente, Päckchen und Kleinstückgüter. Durch diese Restriktionen bezüglich Maß und Gewicht wird eine hohe Standardisierung in der Abwicklung möglich, sodass der Umschlag und die Sortierung der Transportobjekte einfach zu (teil)automatisieren sind. Damit gelingt es den KEP-Diensten, Sendungen zuverlässig, in kurzer Zeit (24-Stunden-, 48-Stundenservice, Same-Day- bzw. Over-Night-Delivery) und zugleich mit hoher Wirtschaftlichkeit zu befördern.

Kleingut

Stückgut mit relativ geringem Gewicht (bis ca. 30 kg), das häufig, aber nicht ausschließlich von hierauf spezialisierten Logistikunternehmen, den KEP-Diensten (Kurier-, Express- und Paketdiensten) befördert wird.

Kombinierter Verkehr

I. *Begriff*

Bezeichnung für den Transport von Gütern mit zwei oder mehr Verkehrsträgern ohne Wechsel des Transportgefäßes. Das Vorliegen eines einheitlichen Beförderungsvertrages ist dabei nicht zwingende Voraussetzung. Ziel des kombinierten Verkehrs ist es, durch Verknüpfung verschiedener Transportmittel durchgängige Transportketten vom Versender zum Empfänger (Haus-zu-Haus-Verkehr) zu bilden und dabei die spezifischen Vorteile der einzelnen Verkehrsträger zu nutzen.

II. *Arten/Formen*

1. *Kombinierter Verkehr mit unselbstständigen Ladeeinheiten:* Ladegefäße, die ohne Hilfsmittel nicht zur Ortsveränderung von Gütern geeignet sind. Als Ladeeinheiten werden v.a. Container in unterschiedlicher Form (Übersee-, ISO-, Binnen- und Luftverkehrscontainer) und Größe (Klein-, Mittel- und

Großcontainer) sowie Wechselaufbauten eingesetzt. Für den *kombinierten Verkehr* von besonderer Bedeutung sind die Großcontainer, die in Bezug auf ihre Eckbeschläge auf Straßen-, Schienen-, und Wasserfahrzeuge ausgelegt sind.

Im kombinierten Verkehr mit austauschbaren Ladeeinheiten sind im Prinzip *Kombinationen zwischen allen Verkehrsträgern* denkbar (Schiene/Straße, Straße/Flugzeug, Schiene/Flugzeug, Schiene/Schiff, Straße/Schiff, Flugzeug/Schiff).

Eine *Sonderstellung* nehmen die für den kombinierten Verkehr Schiene/ Straße entwickelten *Wechselaufbauten* ein; dabei handelt es sich um nicht stapelbare Ladegefäße, die in der Regel mit vier ausklappbaren Stützbeinen ausgerüstet sind. Wechselaufbauten können von besonders ausgerüsteten Straßenfahrzeugen ohne fremde Hilfe abgesetzt und aufgenommen werden.

2. *Kombinierter Verkehr mit selbstständigen Ladeeinheiten* (Huckepack-Verkehr im weiteren Sinne): Transport eines Verkehrsmittels durch ein anderes.

a) *Huckepack-Verkehr (im engeren Sinne):* Verladung und Beförderung von Straßenfahrzeugen auf Schienenfahrzeugen; im Huckepack-Verkehr der Bahnen Beförderung von Wechselaufbauten, Sattelaufliegern und Lkw mittels besonderer Wippen- und Taschenwaggons.

b) Eine Sonderform des kombinierten Verkehrs Schiene/Straße bildet die *„Rollende Landstraße"*, bei der auf Spezialtiefladewaggons mit durchgehendem Boden ganze Lastzüge oder Sattelzüge befördert werden.

c) *Roll-on/Roll-off-Verkehr (Ro-Ro-Verkehr):* kombinierter Verkehr von Landfahrzeugen auf Wassertransportmitteln, wobei Kraftfahrzeuge und/oder Schienenfahrzeuge über spezielle Laderampen mit eigener Kraft ein Ro-Ro-Schiff bzw. ein Fährschiff befahren und verlassen. Im weiteren Sinne umfasst dieser Begriff auch die Beförderung rollender Ladung ohne eigenen Antrieb (z. B. Trailer), die mit besonderen Umschlaggeräten auf das Schiff gebracht werden.

d) *Barge-Verkehr:* kombinierter Verkehr von schwimmfähigen, antriebs-
losen Ladebehältern auf Seeschiffen; entwickelt zur Bildung von
Transportketten Binnengewässer-See-Binnengewässer. Lash-Leich-
ter (Bargen) werden im Binnenverkehr als Teile von Schubverbän-
den befördert und in Seehäfen als Ganzes auf Seeschiffe verladen.
Barge-Verkehre haben im Seeverkehr nur noch eine relativ geringe
Bedeutung.

III. *Umschlag*

Die Wirtschaftlichkeit des kombinierten Verkehrs hängt entscheidend
vom Vorhandensein optimaler Schnittpunkte in der Transportkette zwischen den Verkehrsträgern ab. Als spezifische Infrastruktureinrichtun-
gen für den kombinierten Verkehr haben sich Terminals herausgebildet,
z. B. Hafen-Containerterminals und Container-Bahnhöfe mit besonderen
Einrichtungen (Hebe- und Förderzeuge) für den Vertikalumschlag sowie
Huckepack-Bahnhöfe mit speziellen Kopf- und Seitenrampen. In den letzten Jahren sind die Anforderungen an die IKT-Schnittstellen in den Terminals zur Einbindung des Vor- und Nachlaufs gewachsen.

Kommissionierung

Vorgang der Zusammenstellung von Gütern nach vorgegebenen Aufträgen (Auftragsabwicklung) aus einem Gesamtsortiment. Der Kommissi-
oniervorgang erfolgt entweder einstufig oder mehrstufig. Bei der einstu-
figen Kommissionierung wird zusätzlich nach Einzelaufträgen und Auf-
tragsserien unterschieden. Der Kommissionierer führt jedoch stets den
gesamten Auftrag durch. Bei der mehrstufigen Kommissionierung werden
die Aufträge zur Verbesserung der Effizienz nacheinander in Teilaufträgen
abgewickelt.

Kontraktlogistik

Langfristige Übernahme komplexer logistischer Dienstleistungspa-
kete durch Speditionen, Paketdienste und sonstige Logistik-Dienstleis-
ter. Dabei werden mehrere Basis-Dienstleistungen wie Transport, Lagerung, Umschlag, (teilweise) Montage und Konfektioniertätigkeiten sowie

einfache Produktions- oder Montagetätigkeiten miteinander kombiniert. Der Dienstleister wird damit zum Systemlieferanten für Logistikleistungen.

Kühlgut

Güter, deren Erhalt ihres ökonomischen Werts von produktspezifisch geregelten Temperaturen während des Transports und der Lagerung abhängt; neben einigen industriellen Materialien und Produkten insbesondere Nahrungsmittel. Kühlgüter werden in Kühlketten (Transportkette) mit speziell ausgerüsteten Fahrzeugen, Lagern und Ladeeinheiten befördert. Dabei hat die durchgängige Protokollierung und Überwachung der Kühlkette hohe Bedeutung.

Ladeeinheit

Güteraufnehmende Packung (z. B. Kiste, Fass, Palette, Container, Wechselbehälter), das vom Versand- zum Empfangsort mit den enthaltenen Gütern eine geschlossene Gütereinheit bei Transport, Umschlag und Lagerung bildet.

Ladefaktor

Kennzahl der Transportleistung beim Einsatz eines Transportmittels, eines Fuhrparks oder einer Flotte in einer Periode:

$$Ladefaktor = \frac{genutzte\ Transportkapazität}{bereitgehaltene\ Transportkapazität}$$

Die Transportkapazitäten werden im Personenverkehr in Personen- oder Sitzplatzkilometern (*Sitzladefaktor*) und im Güterverkehr in Tonnenkilometern (*Frachtladefaktor*) gemessen.

Laderaumbörsen

Transportbörsen. Verbessern die Zuordnung von Kapazitätsnachfrage und -angebot im Gütertransport. Laderaumbörsen (heute grundsätzlich internetbasiert) sind entweder als schwarzes Brett oder als Börse aufgebaut, über das alle Teilnehmer angebotene Ladungen (seltener Laderaumkapazitäten) einsehen oder handeln können. Bei Wahl eines Angebotes werden Lade- und Lieferdaten, Art, Gewicht und Maße der Ladung dargestellt. Die weitere Abwicklung erfolgt entweder über konventionelle Kommunikationskanäle oder ebenfalls internetbasiert.

Ladung

Gesamtheit der Güter im Laderaum bzw. in den Laderäumen eines Transportmittels.

Ladungsproblem

Knapsackproblem, Rucksackproblem; elementares logistisches Optimierungsproblem (Logistik).

1. *Aufgabe:* Es liegt ein Bestand unteilbarer Gütereinheiten vor, die die Kapazität eines Behälters unterschiedlich beanspruchen; die Behälterkapazität reicht zur Aufnahme des gesamten Güterbestandes nicht aus; es sind diejenigen Gütereinheiten auszuwählen, deren Aufnahme in den Behälter den größten Ertrag bringt.

2. *Anwendungen:* IT-Systeme zur Optimierung der Kapazitätsauslastung von Ladeeinheiten, Lagerräumen und Transportmitteln sowie zur Fahrzeugeinsatzplanung.

3. *Lösungsmethoden:* Verfahren der mathematischen Optimierung.

Lager

Knoten in logistischen Systemen, in dem Güter vorübergehend gelagert und häufig in ihrer Mengenzusammensetzung (Kommissionierung) verändert werden.

Lager übernehmen sowohl die Funktion von Liefer- und Empfangspunkten, als auch von Auflöse- und Konzentrationspunkten. Nach der jeweiligen Hauptfunktion des Lagers lassen sich Beschaffungs-, Umschlags- und Verteilungslager (Lagerarten) unterscheiden. Entscheidungstatbestände im Rahmen des Lagermanagements sind die Standortwahl (Lagerstandort), die Auswahl der Lagersysteme, die technische Ausstattung, die Organisation der Ein-, Um- und Auslagerung sowie die Lagerplatzzuordnung (Lagerbereich).

Umgangssprachlich wird Lager teilweise auch synonym zu Lagerbestand verwendet.

Lagerarten

Typische Ausprägungsformen von Lagern aufgrund der primär zu erfüllenden Funktion.

1. *Beschaffungslager:* Hauptfunktion ist die Bereitstellung einer ausreichenden Lagerkapazität zur Aufnahme von in der Produktion einzusetzenden Gütern. Aufgrund der engen Bindung der einzulagernden Güter an die

Produktion ist das Beschaffungslager in der Regel dem Produktionsstandort geografisch zugeordnet.

2. *Umschlagslager:* dienen der kurzfristigen Aufnahme von Gütern beim Umschlag von einem Transportmittel auf ein anderes. Primäres Ziel von Umschlagslagern ist die Erzielung einer hohen Umschlagsleistung. Standorte von Umschlagslagern sind transportorientiert, d.h. sie befinden sich an dem Umschlagsort zwischen gleichen oder unterschiedlichen Verkehrsträgern (kombinierter Verkehr).

3. *Distributionslager:* Es erfolgt eine Veränderung des Lagergutes bez. seiner mengenmäßigen Zusammensetzung. Distributionslager brechen den Güterfluss zum Abnehmer. Sie dienen primär als Auflösungs- und Sammelpunkt, an dem Güter entsprechend den Kundenwünschen zusammengestellt werden (Kommissionierung). Einflussfaktoren auf die Standorte und Anzahl von Distributionslagern sind die mit dem Lager, dem Lagerzu- und -ablauf sowie den Beständen verbundenen Kosten und der angestrebte Lieferservice.

Lagerautomatisierung

IT-gestützter Ablauf der Ein-, Umlagerungs- und Auslagerungsprozesse.

Ziel ist die Steigerung der Wirtschaftlichkeit der Lagerhaltung durch Erhöhung des Lagerumschlages, Reduzierung der Lagerbestände und bessere Auslastung der Lagereinrichtungen sowie die Verkürzung von Lieferzeiten durch schnellere Auslagerung.

Voraussetzung ist ein IT-gestütztes Lagerverwaltungssystem (LVS) mit Schnittstelle zur Steuerung der Fördersysteme und zur Materialwirtschaft.

Lagerbereich

Organisationseinheit im Lager in dem spezifische Lagerhausprozesse realisiert werden.

1. Im *Wareneingang* erfolgt das Abladen, die informatorische Erfassung, die Eingangskontrolle und das Lagerfertigmachen (z. B. Umladen auf Ladehilfsmittel und Umpacken) der eingehenden Güter. Das *Einheitenlager*

dient der Aufnahme der Güter (größere Einheiten) und übernimmt primär die Funktion der Zeitüberbrückung. Das *Kommissionierlager* bildet den Bereich der Kommissionierung ab und stellt die Güter in kleineren Mengeneinheiten für weitere Bearbeitungsschritte bereit.

2. In der *Packerei* werden Aufgaben der Verpackung und der Kontrolle ausgeführt.

3. Die Übergabe der vorbereiteten Güter an den Kunden oder Auslieferer und die Ausführung aller damit zusammenhängenden Aufgaben (Disposition der abholenden Transportmittel, Zwischenlagerung der Güter bis zur Übergabe und Verladung) erfolgt im *Warenausgang*.

4. Die übergeordnete *Lagerverwaltung* dient der Steuerung und Koordination aller Lager- und Bewegungsprozesse innerhalb der einzelnen Lagerbereiche.

Lagerbestandsmanagement

1. *Begriff:* Alle Entscheidungen und Handlungen, die einen Einfluss auf Lagerbestände haben. Lagerbestände werden gebildet zum Ausgleich quantitativer und zeitlicher Diskontinuitäten sowie Überbrückung von Störungen während der Transformationsprozesse in der Supply Chain. Bestandsmanagement ist in den letzten Jahren zu einem wesentlichen Parameter der wirtschaftlichen Gestaltung logistischer Systeme geworden.

2. *Aufgaben von Beständen:*

a) Nutzung von Größendegressionseffekten, z. B. bei der Beschaffung und dem Absatz von Gütern (Rationalisierungsfunktion);

b) Absicherung von Prozessen gegenüber Störungen (Sicherungsfunktion);

c) Ausgleich von Nachfrage- oder Angebotsüberhängen (Ausgleichs- oder Überbrückungsfunktion);

d) Bereitstellung von Sortimenten (Sortimentsbildungsfunktion);

e) Umschlag und Kommissionierung (Sortierfunktion);

f) Produktion bzw. Stoffänderung, z. B. bei Gärprozessen (Produktions-
    funktion);

g) spekulative Zwecke (Spekulationsfunktion).

Lagerdauer

Kennzahl für die Zeit, die eine Ware oder ein Material von der Einlagerung
bis zur Entnahme durchschnittlich im Lager bleibt.

a) *Produktionsbedingte Lagerdauer* ist Teil der Produktionszeit, z. B. in der
    Papier- und Lebensmittelindustrie.

b) *Marktbedingte Lagerdauer* ergibt sich in Abhängigkeit von Beschaf-
    fungs- und/oder Absatzmarkt, z. B. durch zeitlichen Ernteanfall, Sai-
    songeschäft, Risikoabdeckung.

Lagerei

Logistikunternehmen, die Lagerung, Umschlag und Kommissionierung,
als Leistungsschwerpunkt anbieten und teilweise auch Aufgaben des
Bestandsmanagements wahrnehmen. Häufig finden sich Spezialisierun-
gen von Lagereien auf bestimmte Güterarten, da diese sowohl die Anforderungen an die Lagertechnik als auch die Lagerprozesse sehr stark beeinflussen z. B. Lagerung von Massengut, Stückgut oder Spezialgütern wie
Kühl- und Gefriergüter.

Lagerordnung

Lagerplatzordnung; Möglichkeiten der Lagerordnung sind die feste Lagerplatzzuordnung, die freie Lagerplatzzuordnung innerhalb fester Bereiche,
die vollständig freie Lagerplatzzuordnung und die Querverteilung eines
Artikels über verschiedene Gänge eines Lagers. Unterscheidungsmerk-
mal zwischen den verschiedenen Möglichkeiten der Lagerordnung ist die
unterschiedliche Gewichtung der Ziele der Transportwegminimierung, der
Zugriffssicherheit, der Ein- und Auslagerungszeiten und der Lagerkapazi-
tätsauslastung.

Lagerplanung

Teilkomplex der Fabrikplanung. Die Lagerplanung umfasst die Planung der Lagerinfrastruktur, die Planung der Förder- und Förderhilfsmittel sowie insgesamt die Planung der Materialflüsse.

Teilbereiche:

1. *Lagerstruktur:*

(1) Planung der inner- und außerbetrieblichen Lagerstandorte;

(2) Planung des Lagerlayouts und der Lagereinrichtungen;

(3) Planung des Förderlayouts und der Fördersysteme;

(4) Gestaltung eines wirkungsvollen Steuerungs- und Kontrollsystems.

2. *Lagerprozesse:*

(1) Planung der Ein-, Aus- und Umlagerungsprozesse;

(2) Planung der Informations- und Steuerungsprozesse sowie der IKT-Unterstützung (Lagerautomatisierung).

Lagerstandort

Grundlegender Entscheidungstatbestand bei der Planung von Lagern. Die Bestimmung des Lagerstandorts erfolgt über mehrere Entscheidungsstufen: Aufbauend auf einer grundsätzlichen regionalen Entscheidung wird im zweiten Schritt der lokale Standort festgelegt. Lösungsansätze zur Standortwahl finden sich in heuristischen Entscheidungsunterstützungsverfahren sowie im Bereich des Operations Research (Algorithmen zur Standortoptimierung) auf Basis relevanter Logistikkosten. Weitere wesentliche Einflussfaktoren auf die Standortwahl sind der angestrebte Lieferservice, die geografische Nachfrageverteilung, verfügbare Transportverbindungen und das Arbeitskräfteangebot an den möglichen Standorten, relevante Vorschriften der Bauplanung sowie das Niveau der Grundstückspreis.

Lagerumschlag

Wichtige Betriebskennzahl, ausgedrückt durch das Verhältnis von bewertetem Absatz bzw. Lagerabgang und durchschnittlichem Lagerbestand.

Zu unterscheiden: Lagerdauer, Umschlagsdauer und Umschlagshäufigkeit.

Die *Bedeutung* des Lagerumschlags liegt in den mit der Lagerhaltung verbundenen Kapitalbindungs- und Lagerhaltungskosten (z. B. Raum-, Zins-, Lager-, Bewachungs-, Versicherungs-, Verwaltungs-, Schwundkosten).

Lagerverwaltungssystem (LVS)

Anwendungssoftware, die alle Lagerprozesse steuert und verwaltet. Ein LVS beinhaltet die Basisfunktionalitäten Wareneingangsabwicklung, Auftragsbearbeitung, Kommissionierung, Lagerverwaltung, Versand und Inventur.

a) *Wareneingangsabwicklung:* artikelspezifische Eingangserfassung mit Abgleich der Bestellung und Zuordnung der Ware zu freien oder fest vorgegebenen Lagerplätzen.

b) *Auftragsabwicklung:* Auf Basis der Auftragsdaten des übergeordneten Warenwirtschafts- oder Materialwirtschaftssystems werden die einzelnen Auftragszeilen entsprechend der gewählten Entnahmestrategie aufbereitet.

c) *Kommissionierung:* IT-technische Unterstützung der Kommissionierung, häufig mit Rückmeldung an das System nach Abschluss einer Sammeltour.

d) *Lagerverwaltung:* Organisation und Kontrolle von Reserve- und Kommissionierlagerbereichen.

e) *Versand:* Unterstützung der Versandaktivitäten durch artikelspezifische Warenausgangserfassung mit Aktualisierung der Bestandsdaten.

f) *Inventur:* Funktionalitäten zur Auswertung der Bestandsmengen zwecks Inventur und Kontenführung.

Lastfahrt

Fahrt eines Transport- oder Fördermittels mit Ladung.

Leerfahrt

Fahrt eines Transport- oder Fördermittels ohne Ladung, z. B. bei fehlender Nachfrage zu bestimmten Zeiten auf einzelnen Teilstrecken im Linienverkehr, zwischen Ent- und neuen Beladeorten im Gelegenheitsverkehr oder zwischen Lastabgabe und Lastaufnahme im innerbetrieblichen Transport.

Leergut

Bei Anlieferung von Materialien anfallende gebrauchte Verpackungs- oder Ladehilfsmittel sowie Mehrwegverpackungs- oder Mehrwegladehilfsmittel.

Für Transportverpackungen besteht eine Rücknahmeverpflichtung durch den Versender.

Lieferantenbeurteilung

Ziel der Beschaffungsmarktforschung. Dabei werden alle potenziellen Lieferanten für die einzelnen Einsatzgüter hinsichtlich eines Kriterienkataloges bewertet. Aufgrund der Tendenzen zu langfristigen Lieferanten/Abnehmer-Beziehungen und einer Abkehr von der Mehrquellenversorgung kommt einer realistischen Einschätzung des Leistungspotenzials von Lieferanten eine zunehmende Bedeutung zu.

Die Globalisierung der Beschaffungsaktivitäten, die wachsenden Beschaffungsvolumina und die kontinuierliche Ausdehnung der Anforderungskataloge erschweren Beschaffung und Auswertung relevanter Informationen.

Empirische Untersuchungen hinsichtlich verwendeter Beurteilungskriterien haben übereinstimmend ergeben, dass als *Hauptanforderungen,* branchenübergreifend und unabhängig von der Kaufsituation (Neukauf oder Wiederholungskauf), Qualität und Preis des Beschaffungsobjektes sowie Lieferservice und Innovationsfähigkeit des Lieferanten gelten.

Vorgehensweise: Zur Operationalisierung der Entscheidungskriterien wurden deren Ausprägungen im Rahmen eines Scoring-Modells gemäß unterscheidbarer Erfüllungsgrade gewichtet. Der Gesamtpunktwert pro

Lieferant ergibt sich demnach als Summe seiner Kriterienwerte, die sich jeweils durch Multiplikation von kriterienspezifischem Gewicht mit lieferantenspezifischer Kriterienausprägung ermitteln lassen.

Lieferflexibilität

Beschreibt die Fähigkeit des Auftragsabwicklungssystems des Versenders/Lieferanten, auf sich kurzfristig verändernde Bedürfnisse des Empfängers einzugehen. Teilaspekte sind Alternativen hinsichtlich der Auftragsmodalitäten (z. B. Mindestmengen oder Liefertermine) und v.a. Informationen, mit denen ein Empfangspunkt über die Lieferung versorgt wird.

Lieferservice

1. *Im weiteren Sinne: Logistikservice:* die Leistungsfähigkeit eines Logistiksystems, charakterisiert durch die vom Empfänger (Nutzer) wahrgenommene Qualität von Lieferzeit, Lieferzuverlässigkeit, Lieferungsbeschaffenheit und Lieferflexibilität.

Die Abwägung zwischen Logistikservice und Logistikkosten unterliegt dem Primat der Wirtschaftlichkeit.

2. *Im engeren Sinne: Home Delivery Services:* Auslieferung von per Telefon, Fax oder Internet bestellten Waren nach Absprache an den Kunden oder an besondere Lieferadressen zu vom Kunden gewünschten Zeiten.

Lieferungsbeschaffenheit

Gibt an, inwieweit die gelieferten Waren in Art und Menge dem Auftrag des Empfängers entsprechen *(Liefergenauigkeit)* und ob sie den Empfangspunkt ohne Beschädigungen *(Lieferungszustand)* erreichen.

Schlechte Lieferungsbeschaffenheit führt zu einer nachhaltigen Störung der Abnehmer-Lieferanten-Beziehung. Fehlerursachen für die Liefergenauigkeit liegen besonders in der Kommissionierung und der Auftragsabwicklung begründet. Der Lieferungszustand ist wesentlich von der Verpackung abhängig. Lieferungsbeschaffenheit kann z. B. über die Zahl der Reklamationen zur Zahl der Gesamtlieferungen gemessen werden.

Lieferzeit

Zeitspanne zwischen der Aufgabe des Auftrags durch den Empfänger bis zur Verfügbarkeit der Ware durch den Empfänger. Inbegriffen sind somit auch Zeitanteile für die Auftragsübermittlung und die Prüfung der Ware im Wareneingang des Empfängers. Wird wesentlich durch die Auftragsabwicklungs- (Auftragsabwicklung) und die Transportzeit (Transport) beeinflusst. Kürzere Lieferzeiten ermöglichen niedrigere Lagerbestände und zeitnähere Disposition.

Lieferzuverlässigkeit

Wahrscheinlichkeit, mit der ein zugesagter Lieferzeitpunkt vom Versender eingehalten wird. Wesentliche Einflussfaktoren sind die Zuverlässigkeit der einzelnen Teilprozesse bei der Auftragserfüllung und die Lieferbereitschaft.

Die *Lieferbereitschaft* gibt an, in welchem Umfang der Lieferant den Auftrag ab Lager erfüllen kann. Insofern besteht ein Zusammenhang zum Sicherheitsbestand des Lieferantenlagers.

Die Lieferzuverlässigkeit ist über den *Lieferbereitschaftsgrad* quantifizierbar. Dieser kann z. B. das Verhältnis von eingegangenen zu erfüllten Aufträgen angeben.

Linienerfolgsrechnung

Kurzfristige Erfolgsrechnung zur Ermittlung der Ergebnisse des Linienverkehrs auf einzelnen Relationen und/oder in einzelnen Streckennetzen während einer Periode; meist als Deckungsbeitragsrechnung.

Linienverkehr

Regelmäßige Verkehrsverbindung zwischen einem bestimmten Ausgangs- und Endpunkt zur Beförderung von Personen oder Gütern, wobei Fahrpläne mit definierten Abfahrts- und Ankunftszeiten vorausgesetzt werden. Die bessere Kalkulierbarkeit des Verkehrsangebots für die Nachfrager erhöht die Attraktivität fahrplanmäßiger Beförderungsvorgänge.

Logistik

Umfasst alle Aufgaben zur integrierten Planung, Koordination, Durchführung und Kontrolle der Güterflüsse sowie der güterbezogenen Informationen von den Entstehungssenken bis hin zu den Verbrauchssenken. Häufig findet auch die Seven-Rights-Definition nach Plowman Anwendung; danach sichert Logistik die Verfügbarkeit des richtigen Gutes, in der richtigen Menge, im richtigen Zustand, am richtigen Ort, zur richtigen Zeit, für den richtigen Kunden, zu den richtigen Kosten.

In der *betrieblichen Praxis* werden unter der Logistik-Funktion immer noch unternehmensspezifisch unterschiedliche Aufgaben subsumiert. In Anlehnung an P. Klaus lassen sich drei Konzepte unterscheiden. Unter dem Begriff der „TUL-Logistik " werden die operativen Aktivitäten des Transportierens, Umschlagens/Kommissionierens und Lagerns zusammengefasst. In einem erweiterten Verständnis „Koordinationslogistik" werden zusätzlich die planenden und steuernden Aktivitäten des Koordinierens und der ganzheitlichen Optimierung arbeitsteiliger Funktionen betont. Hierzu zählen Beschaffungs-, Produktions-, Distributions- sowie Redistributions- und Servicefunktionen zum Zweck der Befriedigung von Kundenbedürfnissen. Eine dritte, in den letzten Jahren in den Vordergrund getretene Bedeutung der Logistik, akzentuiert die dynamischen Aspekte des Mobilisierens und Fließens von Objekten in Netzwerken. Logistik als Flow Management zielt auf die unternehmensübergreifende Konfiguration von Netzwerken bzw. Fließsystemen und deren Management. Dabei werden auch Menschen, Informationen und andere nicht-materielle Entitäten (z. B. Dienstleistungen) in die Gestaltung mit einbezogen.

Die übergeordneten *Ziele* der Logistik liegen

(1) in der Kostensenkung der logistischen Aktivitäten,

(2) in der Verbesserung von Wert und Nutzen von physischen Produkten und Dienstleistungen sowie

(3) in der Verbesserung der Flexibilität logistischer Systeme bez. Veränderungen in den Umfeldbedingungen.

Die *Bedeutung* der Logistik für den Unternehmenserfolg ist in den letzten Jahren kontinuierlich gewachsen. Ursachen dafür sind die Globalisierung der Märkte und Wertschöpfungsketten, die wachsende Durchdringung der logistischen Prozessketten mit Informations- und Kommunikationstechnologien, die verstärkte Individualisierung der Produkte für Konsumgütermärkte sowie die Deregulierung der Transport- und Telekommunikationsmärkte.

Logistik-Controlling

1. *Begriff/Charakterisierung:* Die Anwendung der Controllingkonzeption (Controlling) in der Logistik soll die Ausschöpfung von Rationalisierungsreserven ermöglichen, indem eine Informationsbasis geschaffen wird, mit deren Hilfe die logistischen Prozesse zielorientiert geplant, gesteuert und kontrolliert werden können. Bei der Bereitstellung der relevanten Informationen ist v.a. dem schnittstellenübergreifenden Charakter des Logistikkanals, der Verknüpfung des Logistiksystems mit angrenzenden Funktionsbereichen sowie dem vertikalen Integrationsgrad, d.h. der Einbindung der Beschaffungs- und Absatzmärkte in den Informationsaustausch, Rechnung zu tragen.

2. *Instrumente:* Die Logistikkosten- und -leistungsrechnung (Logistikkostenrechnung), die Logistikbudgetierung (Logistikbudget) sowie Kennzahlensysteme für die Logistik (Kennzahlen).

3. *Ziele/Aufgaben:* Das Logistik-Controlling übernimmt damit auf der operativen Ebene die Aufgabe, die Ziele der Logistik zu präzisieren und messbar zu machen, die Logistikplanung zu unterstützen und die Effizienz der Logistik durch laufende Erfassung und Auswertung von Logistikleistungen und -kosten in Verbindung mit regelmäßigen Abweichungsanalysen zu verbessern. Aus strategischer Sicht trägt das Logistik-Controlling dazu bei, die Logistik koordinierend in die strategische Unternehmensplanung einzubinden, Logistikstrategien als Funktionalstrategien zu formulieren und eine strategische Kontrolle für die Logistik aufzubauen.

Logistikbudget

Instrument des Logistik-Controlling, weist für bestimmte Planperioden Aufwendungen aus, die als Sollvorgaben für die Führungskräfte der Logistik dienen. Das Logistikbudget stellt dabei ein Teilbudget des gesamten Unternehmensbudgets dar, das den Anteil zum Ausdruck bringt, der der Logistik an den insgesamt zu Verfügung stehenden Ressourcen zufließt.

Die *Planung von Logistikbudgetansätzen* gelingt im Gegenstromverfahren durch einen Abgleich von Top-down-Vorgaben und Bottom-up-Planungen. Während bei der Top-down-Vorgehensweise ein Logistikbudget anteilsmäßig aus der Budgetvorgabe für das ganze Unternehmen abgeleitet wird, erfolgt bei dem Bottom-up-Ansatz die Ermittlung des Logistikbudgets auf der Grundlage einer kostenstellenweisen Logistikkostenplanung.

Als Verfahren zur Budgetaufstellung kommen die inputorientierte und die outputorientierte Budgetierung in Frage. Bei der erstgenannten stellen die Logistikkosten vergangener Perioden den Ausgangspunkt für die Budgetaufstellung dar. Die letztgenannte Methode sieht dagegen vor, die Logistikbudgets auf der Basis der spezifischen Logistikbedarfe einzelner Produkte oder Dienstleistungen, die über Leistungsbezugsgrößen der Logistik zum Ausdruck gebracht werden, zu ermitteln. Dies kann über die Programmbudgetierung erfolgen, bei der Maßnahmenbündel entsprechend ihres Zielbeitrags ausgewählt und bewertet werden.

Logistikkosten

1. *Begriff:* für die Überwindung von Raum-, Zeit- oder Mengendisparitäten anfallende Kosten der Bereitstellung und Bereithaltung von Logistikkapazität und -betriebsbereitschaft sowie der Planung, Durchführung und Kontrolle einzelner logistischer Prozesse (Lagerung, Transport, Kommissionierung, Palettierung etc.).

Logistikkosten setzen sich im Wesentlichen zusammen aus: Lagerkosten, Transportkosten, Kosten der Kommissionierung, Handlingkosten und

Kosten der Logistikplanung und -steuerung. Wird unternehmensbezogen in unterschiedlicher Begriffsweite definiert.

2. *Erfassungs- und Abgrenzungsprobleme:*

a) Da viele Transport- und Lagervorgänge untrennbar mit Produktionsvorgängen verbunden sind (z. B. Materialbewegung in integrierten Anlagenstraßen), lassen sich anteilige Logistikkosten oftmals nur schwer abgrenzen.

b) Im Materialfluss tritt zumeist eine Vielzahl von Kurztransporten und -lagerungen auf; eine gesonderte Erfassung der hierfür anfallenden Kosten erweist sich oftmals als unwirtschaftlich.

c) Es bestehen erhebliche Abgrenzungsschwierigkeiten der Querschnittsfunktion Logistik von anderen betrieblichen Funktionen (z. B. Kosten der Produktionssteuerung, IT-Kosten). Umfang und Inhalt des Logistikkostenbegriffs müssen deshalb unternehmensindividuell festgelegt werden.

Logistikkostenrechnung

1. *Begriff:* zentrales Instrument des Logistik-Controlling, das die für die Koordinations-, Planungs-, Steuerungs- und Kontrollaufgaben notwendigen Kosteninformationen bereitstellt. Als Pendant zur Logistikkostenrechnung gilt die Logistikleistungsrechnung, die Anregungsinformationen für logistische Problembereiche liefert, die Planung logistischer Ressourcen ermöglicht, die Bildung von Logistikbudgets unterstützt, sowie die Voraussetzungen für eine fundierte Planung und Kontrolle von Logistikentscheidungen schafft.

2. *Vorgehensweise:* Die Logistikkostenrechnung sieht zunächst einen kostenstellenbezogenen Ausweis der Logistikkosten vor, wobei Abgrenzungsfragen im Vordergrund stehen. Diese können aus einem unzureichenden Erfassungsgrad von Logistikleistungen (z. B. Kosten nicht bestandsgeführter Läger), Schwierigkeiten bei der Berechnung von Fehlmengenkosten (z. B. Kosten fehlmengenbedingter Produktionsumstellungen), Kostenzurechnungsproblemen bei kunden- oder lieferantenbezogener Trägerschaft

logistischer Leistungen (z. B. Auslieferungskosten bei Lieferung ab Werk oder Anlieferungskosten bei Lieferung frei Haus) oder aus der organisatorischen Abgrenzung der Logistik (z. B. Kosten der Produktionsplanung und -steuerung) resultieren. Nach einer Differenzierung der Logistikkosten in leistungsabhängige Kosten und Bereitschaftskosten erfolgt teilweise die verursachungsgerechte Weiterverrechnung der Logistikkosten auf diejenigen Kostenstellen, die Logistikleistungen beanspruchen. Die Entscheidung, welche Kostenkomponenten dabei zum Ansatz kommen, hängt primär vom Zeithorizont der Betrachtung ab. In der Kalkulation wird versucht, die Logistikkosten möglichst differenziert den Kalkulationsobjekten, in der Regel den Produkten, zuzuordnen und nicht über pauschale Material-, Fertigungs- und Vertriebsgemeinkostenzuschlagsätze zu verrechnen. Dies gelingt über einen möglichst weit gehenden Ausweis der Logistikkosten als produktspezifische Einzelkosten in der Kostenträgerrechnung. Die Gesamtschau der jeweiligen Logistikkosten aller Produkte im Rahmen der Ergebnisrechnung lässt dann z. B. Aussagen über den Anteil der Logistikkosten am Umsatz zu. Die Prozesskostenrechnung löst sich von der Umlage über die Kostenstellen auf die Leistungen. Sie legt Kostensätze für die einzelnen Logistikaktivitäten fest und addiert den bewerteten Faktorverzehr der jeweils relevanten Aktivitäten.

Logistikorganisation

Teilaufgabe im logistischen Managementprozess, die als Aufbauorganisation die Integration der Logistik in die bestehende Organisation und als Ablauforganisation die material- und informationsflussorientierte Koordination der Unternehmungsprozesse beinhaltet.

Die traditionell dezentrale Wahrnehmung logistischer Einzelfunktionen durch verschiedene Organisationseinheiten (v.a. Beschaffung, Produktion, Vertrieb) führt innerhalb der Logistik zu Zielkonflikten und erschwert die Ausnutzung kosten- und leistungsmäßiger Synergien zwischen den logistischen Teilsystemen. Durch die *Bildung einer eigenständigen Organisationseinheit Logistik* wird die Realisierung dieser Effekte angestrebt. Die Zusammenfassung der Logistikaufgaben kann in eindimensionalen

Organisationsmodellen nach Verrichtungen, Objekten (z. B. Produkten, Geschäftsbereichen) oder regionalen Aspekten erfolgen. Die teilweise zu beobachtende Integration der Logistik in eine Matrixorganisation als mehrdimensionales Organisationsmodell führt bei einer funktions-objektorientierten Matrixorganisation zur kompetenzmäßigen Unterordnung der Linienfunktion „Logistik" gegenüber dem horizontalen Produkt-Management-System, bei einer produktionsfaktorfunktionsbezogenen Organisationsform überlagert sie das horizontale Leitungsystem der güterwirtschaftlichen Grundfunktionen.

Gestaltungsdimensionen der Logistikorganisation sind die Stabsstellen (beinhaltet die Zusammenfassung von Planungsfunktionen), Linieninstanzen (Steuerung der Güter- und Informationsflüsse), Zentralisationsgrad (dezentral, zentral, Teilzentralisation) und Hierarchieebenen, wobei letztere auch als Indikation für die Bedeutung der Logistik im Unternehmen interpretiert werden können.

Die Komplexität und Verschiedenartigkeit der zu erfüllenden Logistikaufgaben beeinflusst die *interne Struktur* dieser Abteilung. Der Flussorientierung als logistische Leitidee folgend bietet sich die Strukturierung in Beschaffungs-, Produktions- und Distributionslogistik als Linienfunktionen an, während Stabsstellen/Stabsabteilungen die Systemplanung und das Logistik-Controlling übernehmen.

Logistikplanung

Kernfunktion im logistischen Managementprozess. Dient der vorausschauenden Koordination von Transport-, Umschlags-, Lager- und Unterstützungsprozessen zwecks Sicherstellung einer art- und mengenmäßig, räumlich und zeitlich abgestimmten Versorgung von Bedarfsträgern mit Gütern. Dementsprechend steigt der logistische Planungsbedarf mit zunehmender Arbeitsteilung, Dislozierung und der Heterogenisierung von Zeitmustern der Wirtschaft.

Zentrale Inhalte der Logistikplanung stellen die artmäßigen (z. B. Kommissionen), mengenmäßigen (z. B. Losgrößen), räumlichen (z. B. Standorte)

und zeitlichen (z. B. Durchlaufzeiten) Komponenten der physischen Über-
brückungsleistungen dar. Weiterhin werden logistische Anforderungen
auch bei Planungen in der Beschaffung (z. B. Lieferantenabteilungen), Produktion (z. B. Programmplanung, Fertigungsorganisation) und im Marketing (z. B. Verpackungsgestaltung, Vertriebsstrategien) benötigt.

Modelle/Ansätze: Der hohe Planungsbedarf in der Logistik hat dazu
geführt, dass sich die mathematische Planungsrechnung schon früh mit
logistischen Problemstellungen befasst hat. Folglich stehen für operative Teilprobleme der Logistik (Tourenplanung, optimale Los- oder Bestel-
lungsmenge) zahlreiche Planungsmodelle mit exakten Algorithmen oder
Näherungsverfahren zur Verfügung. Diese vernachlässigen jedoch vielfach
kosten- und erlösmäßige Interdependenzen und führen somit zu subop-
timalen Lösungen. Erste strategische Planungsansätze mit Logistikbezug
operationalisieren das Nutzenpotenzial einer Logistikkonzeption durch die
Gegenüberstellung von Erfolgspotenzial und unternehmensspezifischer
Logistikkompetenzen einer Portfolio-Matrix. Je nach geschäftsfeldspezifi-
scher Positionierung lassen sich logistikbezogene Handlungserfordernisse
(Normstrategien) ableiten.

Logistikunternehmen

Logistikdienstleister; Unternehmen, die logistische Dienstleistungen für die
verladende Wirtschaft erbringen. Verlader sind alle Industrie-, Handels-
und Dienstleistungsunternehmen, die als Nachfrager und damit Auftraggeber von logistischen Dienstleistungen auftreten.

Nach dem Umfang der Leistungserbringung wird zwischen *System- und
Komponentenanbietern* unterschieden. Systemanbieter offerieren im
Gegensatz zu Komponentenanbietern ganzheitliche logistische Problem-
lösungen, indem sie alle erforderlichen Dienstleistungen selbst erbringen oder das eigene Angebot um Leistungen von Komponentenanbietern
ergänzen und insgesamt vermarkten (Kontraktlogistik).

Nach dem Schwerpunkt der Dienstleistung kann bei Komponenten-anbietern u.a. zwischen Spedition, Transportunternehmen, Lagerei, Umschlags- und Verpackungsunternehmen unterschieden werden.

Logistische Informationssysteme

1. *Begriff:* strategisches Konzept zur Unterstützung der logistischen Erfolgspotenziale mithilfe von Informations- und Kommunikationstechno-logien (IKT).

2. *Primäres Ziel* ist es, einen durchgängigen unterbrechungsfreien Mate-rial- und Informationsfluss zu erreichen. Die physischen Güterprozesse werden im Bereich des Umschlags, der Kommissionierung, der Lagerung und des innerbetrieblichen Transports durch integrierte Materialflusssys-teme ähnlich wie der Produktionsbereich zunehmend integriert gesteuert. Im Straßengütertransport werden z. B. Telematik-Systeme eingesetzt, die eine Fahrzeugverfolgung und -steuerung über Mobilfunk und Satellitenna-vigation ermöglichen.

Neben der Prozessgestaltung der physischen Güterprozesse durch inte-grierte Auftragsabwicklungssysteme spielen *Informationssysteme zur Disposition und Verwaltung* der Betriebsmittel in Logistikunternehmen eine besondere Rolle. Hierzu gehören z. B. Fuhrparkinformations- und Tourenplanungssysteme sowie Container- und Palettendispositions- und -steuerungssysteme.

Unternehmensübergreifende, die gesamte Logistikkette umfassende logistische Informationssysteme ermöglichen neue Formen der Zusam-menarbeit zwischen Logistikunternehmen und ihren Kunden. Beson-dere Bedeutung kommt dabei dem *elektronischen Datenaustausch* (Elec-tronic Data Interchange oder EDI) und internetbasierter Datenkommu-nikation zwischen allen an einer Logistikkette beteiligten Unternehmen zu. Er führt nicht nur zu einer Verringerung der Transaktionskosten, der Fehlerraten und des administrativen Aufwands, sondern verbessert gleichzeitig die Dispositions- und Steuerungsmöglichkeiten der logisti-schen Prozessketten (Sendungsverfolgung) sowie die Möglichkeiten der unternehmensübergreifenden Kollaboration. Durch internationale Normung wird der Datenaustausch zunehmend vereinheitlicht. Neben dem EDIFACT-Standard (Electronic Data Interchange for Administration, Commerce and Transport) und des Subsets EDIFOR (Electronic Data Interchange Forwarding) hat der ANSI-Standard (American National Standards Institut) die größte Bedeutung.

Logistische Kontrollspanne

Bereich der Einflussnahme auf Planung, Realisierung und Kontrolle des Warenflusses im Logistikkanal (insbesondere zwischen Produktion und Handel). Aufbauend auf dem absatzmarktbezogenen Informationsvorsprung des Handels gegenüber den Produzenten durch die Nutzung IT-gestützter Warenwirtschaftssysteme (WWS), verschiebt sich die logistische Kontrollspanne zunehmend zugunsten des Handels. Auswirkungen zeigen sich z. B. in der Einflussnahme auf Gestaltung von Verpackungen und auf die Logistik zwischen den Beteiligten. Kennzeichnend ist der Wechsel von einer Push-Strategie der Produzenten, Waren durch den Logistikkanal zu „drücken", zu einer Pull-Strategie des Handels, bei der die Waren bedarfsgerecht vom Kunden über den Handel aus den Vorstufen „gezogen" werden.

Luftfrachtverkehr

Transport (einschließlich vor- und nachgelagerter Lagerhaltung) von Gütern mittels Flugzeugen; entweder in Nurfracht-Flugzeugen oder in den Unterflurladeräumen von Passagierflugzeugen.

Luftstraße

Luftkorridor; Weg des Luftverkehrs. Von Flugsicherungsbehörden mit Höhen- und Seitenbegrenzungen festgelegte und kontrollierte Lufträume zur Sicherung des Luftverkehrs.

Make to Order

Auftragsfertigung, Kundenauftragsfertigung, (MTO); Auftragstyp der Fertigung, bei dem die Produkte kundenindividuell nach konkreten Vorgaben gefertigt werden. Der Kundenentkopplungspunkt liegt vor dem ersten Produktionsprozessschritt. Die Auftragsabwicklung erfolgt weitgehend kundenspezifisch. Make to Order ist in der Regel als Einzel- oder Kleinserienfertigung organisiert.

Marketinglogistik

Absatzlogistik, Distributionslogistik; wenig gebräuchliche Bezeichnung für den absatzbezogenen Teilbereich der Logistik. Marketinglogistik betrifft die Zeit-Raum-Überbrückung von Waren, Personen und Informationen zwischen Lieferant und Abnehmer.

Aufgabe: Realisierung der physischen Distribution, insbesondere die Gestaltung des Lieferservice.

Massengüter

Gebrauchsgüter *(Massengebrauchsgüter)* oder Verbrauchsgüter *(Massenverbrauchsgüter),* die einheitlich von einem großen Verbraucherkreis (Konsumenten oder Produzenten) nachgefragt werden und in der Regel über einen langen Zeitraum produziert werden. Es kann sich um Produktions- (z. B. Erze, Holz, Stahl, Blech, Röhren, Bleche) und Konsumgüter (z. B. Haushaltswaren, Textilien) handeln.

a) *Produktion:* Massenproduktion.

b) *Absatz:* Der Absatz von Massengütern erfolgt in der Regel mittels Massenmarktstrategien über Großbetriebsformen des Einzelhandels (z. B. SB-Warenhäuser, Discountbetriebe).

c) *Standort:* Die Standorte von Erzeuger und Verbraucher (im Fall von Produktionsgütern) von Massengütern sind transportkostenorientiert (Transportkosten).

d) *Beförderung:* Im Verkehr sind die Beförderungseinheiten von Massengütern nicht nach Stückzahl (Stückgut), sondern nach Gewicht und Volumen bestimmt.

Materialbedarfsplanung

Ausweis der in einer Planungsperiode benötigten Materialien nach Art, Menge, Qualität und Zeitstruktur (Sekundär-, Tertiärbedarf).

1. *Ziel* der Materialbedarfsplanung ist die Realisierung einer kostenoptimalen Materialversorgung; im Optimum ist stets nur so viel Material vorhanden, wie kurzfristig benötigt wird.

2. *Teilbereiche:*

a) *Bedarfsermittlung* (auch Bedarfsmengenplanung): Gegenüberstellung von Bruttobedarf und Materialbestand zeigt den Beschaffungsbedarf (Nettobedarf) auf.

b) *Sortimentsplanung:* Festlegung der Materialqualitäten, Begrenzung der Materialarten durch Normung und Standardisierung; Analyse von Substitutionsmöglichkeiten; Entscheidung Make or Buy.

c) *Materialbereitstellungsplanung:* Ermittlung der Bedarfstermine unter Berücksichtigung der jeweiligen Bedarfsstruktur und der Bedingungen auf den Beschaffungsmärkten (Bereitstellungsprinzipien).

Materialfluss

Prozesskette aller Vorgänge beim Gewinnen, Be- und Verarbeiten sowie Lagern und Verteilen von Materialien und Gütern innerhalb festgelegter Bereiche; hierzu gehören z. B. die Vorgänge Transportieren, Handhaben, Lagern, Umschlagen, Aufenthalt, Prüfen als operative Teilprozesse.

Materiallogistik

1. *Begriff/Charakterisierung:* Teilbereich der Logistik, der alle Aufgaben umfasst, die sich auf den räumlichen, zeitlichen und mengenmäßigen Transfer der in der Produktion eingesetzten Verbrauchsfaktoren von den Lieferanten bis zu ihrer Verarbeitung in einem Produktionsprozess bzw.

bis zur Einlagerung im Fertigproduktlager einer Unternehmung beziehen (Beschaffungslogistik und Produktionslogistik), dabei ist die Aufgabenabgrenzung gegenüber den Produktionsplanungs- und Steuerungssystemen unscharf. Die Materiallogistik ist als Teilsystem des gesamten Logistiksystems einer Unternehmung anzusehen.

2. *Aufgaben:* Im Rahmen ihres beschaffungslogistischen Aufgabenteils kommen der Materiallogistik folgende Aufgaben zu: Sicherstellung der Materialbereitstellung (Festlegung des Materialbereitstellungsprinzips), Materialbedarfsermittlung, Bestellmengenplanung, Gestaltung und Bewirtschaftung der Eingangslager.

Im Rahmen ihres produktionslogistischen Aufgabenteiles kommen der Materiallogistik folgende Aufgabenstellungen zu: Planung und Steuerung der Produktion (Mengenplanung, Termin- und Kapazitätsplanung), Losgrößenplanung, Gestaltung der innerbetrieblichen Transporte und der Zwischenlager. Der Begriff der Materiallogistik ist nur wenig gebräuchlich – im Bereich der innerbetrieblichen Logistik hat sich allgemeiner der Begriff der Intralogistik durchgesetzt.

Materialwirtschaft

1. *Begriff:* Materialwirtschaft im engeren Sinne umfasst die Aufgabe der Versorgung der Produktion mit Material (Beschaffung). Im weiteren Sinne werden ihr die Gesamtheit aller materialbezogenen Funktionen zugeordnet, dazu gehören alle diejenigen Funktionen, die sich mit der Versorgung des Betriebes und der Steuerung des Materialflusses durch die Fertigung bis hin zur Auslieferung der Fertigerzeugnisse befassen.

2. *Objekte:* Roh-, Hilfs- und Betriebsstoffe, Zulieferteile, Handelswaren sowie Abfälle.

3. Die *Aufgaben* der Materialwirtschaft sind technischer Natur (Bereitstellung der benötigten Güter und Dienstleistungen in der erforderlichen Art, Menge und Qualität zur rechten Zeit am rechten Ort) und betriebswirtschaftlich-organisatorischer Natur, d.h., die Wirtschaftlichkeit der Bereitstellung ist zu optimieren (materialwirtschaftliches Optimum).

Zur Erreichung dieses *materialwirtschaftlichen Optimums* sind eine Reihe interdependenter Teilaufgaben zu lösen, z. B. Bedarfsermittlung, Disposition, Bestellmengenplanung, Wareneingangskontrolle, Lagerung und innerbetrieblicher Transport.

Maut

Mit dem Autobahnmautgesetz für schwere Nutzfahrzeuge (ABMautG) i.d.F. vom 2.12.2004 (BGBl. I 3122) m.spät.Änd. vom 29.5.2009 (BGBl. I 1170) und den ergänzenden Verordnungen ist gesetzlich verankert, dass alle in- und ausländischen Fahrzeuge und Fahrzeugkombinationen, die ausschließlich für den Güterkraftverkehr bestimmt sind oder eingesetzt werden und deren zulässiges Gesamtgewicht mindestens 12 t beträgt, für die Benutzung deutscher Autobahnen eine streckenbezogene Autobahnmaut zu entrichten haben.

Die Bundesregierung ist ermächtigt, durch Rechtsverordnung die Mautpflicht auf genau bezeichnete Abschnitte von Bundesstraßen auszudehnen zur Vermeidung von Ausweichverkehr und aus Gründen der Verkehrssicherheit. Die Höhe der Maut ist gestaffelt nach Achszahl und Schadstoffklassen. Mit der Maut-Erhebung und -Abrechnung ist die Toll Collect GmbH beauftragt.

Mehrwegtransportverpackung

Transportverpackungen, die mehrfach verwendet werden. Mehrwegtransportverpackungen lassen sich systematisieren in

(1) unternehmensinterne Mehrwegtransportverpackungen,

(2) Branchen-Mehrwegtransportverpackungen und

(3) Poolsysteme.

Die ökologischen und betriebswirtschaftlichen Vorteile einer Mehrwegtransportverpackung gegenüber der Einwegtransportverpackung hängen wesentlich von der Zahl der Umläufe sowie von Transportstrukturen und -entfernungen des Einzelfalls ab.

Mehrwegverpackung

Verpackung zur mehrmaligen Nutzung. Mehrwegverpackung schont natürliche Ressourcen (Umwelt- und Ressourcenökonomik) u.a. durch geringeren Energiebedarf, reduzierte Müllmengen; gleichzeitig sind jedoch Rücknahme- und Sammelorganisation sowie Investitionen für Lager- und Reinigungssysteme erforderlich.

Meldebestand

Bestellpunkt. Bestand, bei dessen Erreichen eine Bestellung ausgelöst wird. Er ergibt sich aus einem festgelegten Sicherheitsbestand zzgl. des während der Beschaffungszeit zu erwartenden Verbrauchs. Einflussfaktoren für die Höhe des Sicherheitsbestands sind u.a. die Länge der Beschaffungszeit und die angestrebte Lieferbereitschaft (Lieferservice).

Mengenfeststellung

Die Mengenermittlung nach Maßen und Gewichten geschieht im Allgemeinen durch Wiegen oder Zählen.

Für die gewichtsmäßige Mengenfeststellung bei *hygroskopischen Waren* ist die genaue Festlegung des zulässigen Feuchtigkeitsgehalts wichtig (Trockengewicht).

Mengenverluste auf dem Transport können durch Mengenfeststellung des Gewichts nach Transportabschluss vom Käufer auf den Verkäufer abgewälzt werden.

Wichtig ist bei der Mengenfeststellung die Ermittlung des *Verpackungsgewichts* (Tara). Bei Verkauf *„brutto für netto (bfn)"* ist die Verpackung bei der Mengenfeststellung mitgerechnet. Neben „Tara" mögliche Korrekturen des Warengewichts, die für die Mengenfeststellung von Bedeutung sind: Gutgewicht, Fusti, Refaktie.

Modal Split

Verkehrsteilung; Verkehrsträger- bzw. Verkehrsmittelanteile an der Befriedigung der Gesamtnachfrage nach bestimmten Verkehrsdiensten;

Aufteilung der Transportleistung auf die verschiedenen Verkehrsträger bzw. -mittel.

Modular Sourcing

System Sourcing; Beschaffungsstrategie, die durch die Vergabe von Montagetätigkeiten an sog. Systemlieferanten (First Tier Supplier) gekennzeichnet ist, die als Generalunternehmer die Koordination der Material- und Teileströme zwischen ehemaligen direkten Zulieferern (Second Tier Supplier) und dem Abnehmer eigenverantwortlich durchführen. Da die Module den Anforderungen einer verbrauchssynchronen Beschaffung in der Regel entsprechen, wächst deren Anteil mit der Verbreitung des Modular Sourcings.

Multiple Sourcing

Der Abnehmer bezieht seine Beschaffungsgüter von mehreren Lieferanten, um preisliche, qualitative und zeitliche Wettbewerbsvorteile aus der Konkurrenz der Lieferanten untereinander zu ziehen und um das eigene Versorgungsrisiko zu reduzieren.

Nachtsprung

Personen- oder Güterbeförderung im Hauptlauf einer Transportkette während der Nacht.

Nettobedarf

Um den Nettobedarf zu erhalten, ist dem Bruttobedarf inkl. der Reservierungen der verfügbare Lagerbestand (Lageranfangsbestand – Sicherheitsbestand + geplanter Lagerzugang) gegenüberzustellen.

Nutzlast

1. *Maximal zulässiges Gewicht* der Ladung eines Transportmittels.

2. *Aktuelles Gewicht* der Ladung eines Transportmittels.

Optimale Bestellmenge

Grundmodell der Bestellmengenplanung, ermittelt für einen bekannten Materialbedarf des Planungszeitraums dessen kostenoptimale Aufteilung in jeweils gleich große Bestellmengen. Die optimale Bestellmenge wird festgelegt im Minimum der Summe aus Lager- und Bestellkosten. Die Prämissen dieses Modells (z. B. kontinuierlicher Lagerabgang, konstanter Einstandspreis) führen zu einer eingeschränkten Anwendung des Grundmodells, sodass zahlreiche Modellerweiterungen entwickelt wurden, etwa die Berücksichtigung veränderter Einstandspreise oder schwankender Bedarfsmengen.

Die *Berechnung* erfolgt mithilfe der Andler-Formel.

Optimaler Bestand

Optimaler Lagerbestand; die wirtschaftliche Lagerbestandsgröße, die bei vorgegebenem Lieferbereitschaftsgrad zu minimalen relevanten Gesamtkosten (Lagerkosten + Beschaffungskosten) führt (Lieferzuverlässigkeit). Der optimale Bestand lässt sich theoretisch und unter vereinfachenden Modellannahmen aus der optimalen Bestellmenge ableiten.

Paketdienst

Dienstleistungs-Anbieter auf dem KEP-Markt (KEP-Dienst). Paketdienste sind spezialisiert auf den Transport von Stückgütern bis ca. 30 kg Gewicht. Durch die starke Standardisierung der Logistiksysteme und die flächendeckende Präsenz realisieren sie gegenüber Universal-Logistik-Dienstleistern Produktivitäts- und Kostenvorteile.

Palette

Genormte dauerhafte Plattform als Unterlage stapelbarer Güter, die als Ladeeinheit mit Gabelstaplern umgeschlagen werden kann.

Arten: Flach-Palette (ohne Aufbauten), Gitterbox-, Rungen-, Tank- und spezielle Flugzeug-Palette aus Holz, Metall u.a. Werkstoffen in verschiedenen Abmessungen. Die größte Verbreitung in Europa hat die Flach-Palette nach DIN 15146 aus Holz mit 800 × 1200 mm Grundfläche, ca. 30 kg Eigengewicht und 1.000 kg Tragfähigkeit als sog. Pool-Palette.

Verkehrs-, Handels- und Industriebetriebe tauschen Pool-Paletten des europäischen Palettenpools und andere standardisierte Paletten untereinander aus und vermeiden dadurch Rücktransporte leerer Paletten. Im Markt existieren weitere Palettentausch-Pools.

Partenreederei

Rechtsform des Seehandelsrechts (§§ 489 ff. HGB). Die Partenreederei tritt unter dem Namen eines Schiffes auf und ist ein Gesellschaftsverhältnis der Personen *(Mitreeder)* mit Eigentumsanteilen *(Schiffsparten)* an diesem Schiff. Sie haften persönlich mit ihrem gesamten Vermögen und sind zur Geschäftsführung berechtigt.

Steuerliche Behandlung: Die Partenreederei ist als Mitunternehmerschaft zu qualifizieren.

Pendelverkehr

Beförderung von Personen und/oder Gütern durch zwischen zwei Orten hin- und herfahrende Transportmittel. Die Fahrten werden bei hoher

Nachfrage nach Fahrplan (z. B. Air Shuttle im Luftverkehr) oder nach dem Erreichen der Ladekapazität des Fahrzeuges, bei niedriger Nachfrage nach Einzelbedarf (z. B. kleiner Fährverkehr) ausgeführt.

Personenkilometer (Pkm)

Kennzahl der Verkehrsstatistik für die Verkehrsleistung im Personenverkehr zu Lande, zu Wasser und in der Luft, errechnet als Produkt aus der Zahl der beförderten Personen und der von ihnen zurückgelegten Entfernungen.

Port Communication System

Informationstechnologische Verknüpfung der Teilnehmer von multimodalen Versorgungsketten durch Datenkommunikationsysteme der Seehäfen. Neben den Nachfragern von Güterverkehrsleistungen (Importeur, Exporteur, Versender) sind die Anbieter dieser Leistungen (Reeder, Bahngesellschaften, Straßengütertransportbetriebe, Spediteure, Agenten, Kai- und Umschlagsbetriebe, Tallybetriebe) sowie die Hafenbehörden über diese Systeme untereinander vernetzt. In den letzten Jahren wurden diese Systeme um zusätzliche Funktionalitäten im Gefahrgutbereich und für die Lenkung des zu- und ablaufenden Verkehrs erweitert, außerdem wurde die Nutzung von Internetdiensten weiter erhöht.

Primärbedarf

Bedarf an Enderzeugnissen und verkaufsfähigen Ersatzteilen.

Produktionslogistik

1. *Begriff:* Die Produktionslogistik kennzeichnet die Phase zwischen Beschaffungslogistik und Distributionslogistik. Unter Produktionslogistik kann die Planung, Steuerung und Durchführung des Transports und der Lagerung von Rohmaterial, Hilfsstoffen, Betriebsstoffen, Kaufteilen, Ersatzteilen, Halbfertig- und Fertigprodukten und der damit zusammenhängenden unterstützenden Aktivitäten innerhalb des Produktionssystems eines Unternehmens verstanden werden.

Teilweise wird der Begriff *„Produktionslogistik"* synonym zu *„innerbetrieblicher Logistik"* gebraucht. Aufgabe der innerbetrieblichen Logistik ist die Planung, Steuerung und Realisierung des Materialflusses innerhalb eines Betriebes. Die Begriffsgleichheit trifft deshalb nur bei Einbetriebunternehmen zu. Bei Mehrbetriebunternehmen mit standortteiliger Fertigung umfasst die Produktionslogistik auch die zwischenbetriebliche Logistik innerhalb des Produktionssystems des Gesamtunternehmens. Besonders bei internationalen Produktionssystemen (internationale Logistik) kommt es dabei zu umfangreichen außerbetrieblichen logistischen Tätigkeiten. Im Folgenden soll nur die innerbetriebliche Dimension der Produktionslogistik näher betrachtet werden.

2. *Abgrenzung von Produktion und* Produktionslogistik: Auf der Durchführungsebene können die Prozesse der qualitativen Gütertransformation (z. B. Spannen, Umformen) der Produktion zugerechnet werden. Dagegen sind logistische Prozesse (z. B. Fördern, Umschlagen, Lagern) Bestandteil der Produktionslogistik. Auf der Planungs- und Steuerungsebene ist die Abgrenzung der Produktionslogistik gegenüber der Produktion schwierig und bisher nicht zufriedenstellend gelöst. Die Aufgabe der Produktionsplanung und -steuerung ist neben der Planung und Steuerung der qualitativen Gütertransformation selbst auch die Versorgung mit den dazu notwendigen Ressourcen. Letzteres ist zwar eine logistische Aufgabe, beide Teilaufgaben sind allerdings stark interdependent. Deutlich wird dies am Beispiel der Losgrößenplanung, die sowohl Aspekte der Logistik (Lagerhaltung) als auch der Fertigung (Rüstvorgänge) betrifft. Ähnliches trifft für den Bereich der Durchlaufterminierung zu, da z. B. die Liegezeiten und der dafür notwendige Raumbedarf (Logistik) wesentlich von den Kapazitätsauslastungen (Produktion) bestimmt werden. Im Sinn des Gesamtansatzes der Logistikkonzeption ist deshalb im Einzelfall zu überprüfen, ob die produktionslogistischen Aspekte eher im Zusammenhang mit der Produktionsplanung und -steuerung oder mit den übrigen logistischen Systemen der Beschaffungs- und Distributionslogistik betrachtet werden

sollen. Nicht sinnvoll scheint dagegen eine vollständige Integration der Produktionsplanung und -steuerung in die Logistik zu sein.

Rahmenvertrag

Rahmenliefervertrag; Vertrag, in dem in einem definierten Zeitraum eine festgelegte Menge eines bestimmten Produkts vom Abnehmer in festzulegenden Teilmengen abgerufen wird. Es werden Qualität der Ware sowie Liefer- und Zahlungsbedingungen fest vereinbart. Mögliche Vertragsform im Rahmen der Einkaufs-Kontraktpolitik (Einkaufspolitik).

Reederei

Verkehrsbetrieb, der im Schiffsverkehr (Binnen-, Küsten- und/oder Seeschifffahrt) tätig ist.

Reglementierter Beauftragter

Luftfahrtunternehmen, Agenturen, Spediteure oder sonstige Stellen, die die Sicherheitskontrollen für Fracht oder Post gewährleisten, werden durch das Luftfahrt-Bundesamt als „reglementierte Beauftragte" zugelassen, um eine sichere Lieferkette im Luftfrachtverkehr zu gewährleisten.

Reiseerfolgsrechnung

Kurzfristige Erfolgsrechnung zur Ermittlung des Ergebnisses der Ausführung mehrerer Transportaufträge in einer geschlossenen Folge von Last- und Leerfahrten eines Fahrzeugs (Schiff, Flugzeug, Lastkraftwagen) mit Personal im Gelegenheitsverkehr; meist Deckungsbeitragsrechnung.

Retourenkosten

1. *Begriff:* Retourenkosten sind der monetär bewertete Aufwand von Retouren, deren Minimierung ein kostenorientiertes Ziel des Retourenmanagements darstellt. Retourenkosten wirken sich negativ auf die Marge der jeweiligen Produkte bzw. Kundenbestellungen aus. Unternehmen können die aktuellen und prognostizierten Kosten der Retouren je Kundenbeziehung in die Berechnung des Kundenwertes (Customer Lifetime Value) als Aufwandsgröße einfließen lassen, um so den Kundenwert besser zu bestimmen sowie Kundenbeziehungen gezielter zu bewerten und damit zu steuern. Für Konsumenten können beim Retournieren sog. Hassle-Costs in

Form von Zeit und Aufwand anfallen. Diese Hassle-Costs sollen Konsumenten davon abhalten, Produkte zu retournieren (z. B. auf einer Webseite schwierig zu findende Retourenformulare).

2. *Bestandteile*: Bestandteil sind Kosten des Handlings (bspw. Kosten für Logistik und Qualitätsüberprüfung) sowie mit der Vermeidung der Retoure verbundenen Kosten (z. B. Kosten für virtuelle Anprobier-Möglichkeiten bei Modeartikeln).

Eine weitere Klassifikation kann hinsichtlich direkter und indirekter Kosten vorgenommen werden. Direkte Retourenkosten bzw. Retoureneinzelkosten können der jeweiligen Retoure direkt zugerechnet werden und sind abhängig von der Anzahl der eingegangenen Retouren. Dies sind bspw. die Rücksendekosten oder Reinigungskosten (bei Kleidung) pro Retoure. Indirekte Retourenkosten bzw. Retourengemeinkosten (bspw. Kosten der Betriebsstoffe) können der Retoure nicht direkt zugerechnet werden. In der Regel erfolgt eine Umverteilung der Gemeinkosten auf die jeweiligen Retouren mittels Verteilungsschlüssel. Die Erfassung und Analyse von retourenbezogenen Kosten gehört zu den zentralen Aufgaben des Retouren-Controlling.

Retourenmanagement

1. *Begriff*: Retourenmanagement stellt eine wesentliche Aufgabe der Rückführungslogistik (auch Reverse Logistics) und des Kundenmanagements dar, bei der Waren-, Finanz- und Informationsflüsse zwischen dem Rücksendenden („Retournierer") und dem Lieferanten eines Gutes geplant, gesteuert und kontrolliert werden. Im Fokus steht einerseits die effiziente, effektive und kundenorientierte Organisation von Informations-, Finanz- und Warenflüssen, die entgegengesetzt der Supply Chain fließen. Zum anderen geht es um die Vermeidung und das Handling von Retouren, welche vom Kunden aufgrund verschiedener Gründe (bspw. Sachmangel oder „Nichtgefallen") an den Händler oder Hersteller eines Gutes zurück gesandt werden. Vor allem im E-Commerce besitzt das

Retourenmanagement große Relevanz, weil dort hohe Verbraucherretouren eine Herausforderung für Onlineunternehmen darstellen.

2. *Komponenten des Retourenmanagements*:

a) Präventives Retourenmanagement: Maßnahmen zur Vermeidung von Retouren vor und nach der Bestellung durch den Kunden.

b) Reaktives Retourenmanagement: Maßnahmen zum effizienten Handling von Retouren und wie diese gegebenenfalls wieder in den Warenkreislauf eingeführt werden können.

3. *Ziele*:

a) Kostenorientierte Ziele: Optimierung der Kosten des Handlings und der mit der Vermeidung der Retouren verbundenen Kosten.

b) Kundenorientierte Ziele: Sicherstellung der Kundenzufriedenheit, Wiederkaufswahrscheinlichkeit und positiver Weiterempfehlung bei Anwendung des Retourenmanagements.

RFID

Abkürzung für Radio Frequency Identification; neben Magnetkarte und Barcode zählt RFID zu den weit verbreiteten Identifikationstechniken. Im Sprachgebrauch werden im Zusammenhang mit dieser Technologie auch Begriffe wie Transponder, Electronic Tagging oder Smartlabel verwendet.

Das Gesamtsystem besteht aus Transponder, der drahtlosen Schnittstelle, einer Basisstation zur Identifikation und einer IT-Anbindung.

Ziel von RFID-Systemen ist die Identifikation beliebiger Objekte in logistischen Prozessketten sowie die Verknüpfung von Informationen mit diesen Objekten zur Beschleunigung und zur Verbesserung der Logistikprozesse. Die automatische Identifikation wird zukünftig ein „Internet of Things" (Internet der Dinge) ermöglichen.

Roll-on/Roll-off-Verkehr

RoRo-Verkehr; kombinierter Verkehr zum Transport von Straßenfahrzeugen und/oder Schienenfahrzeugen auf Schiffen (RoRo-Schiffe, Fähren).

RSU-Analyse

XYZ-Analyse. In Anlehnung an die ABC-Analyse entwickeltes Verfahren zur Klassifizierung von Lagerartikeln. Klassifizierungskriterium ist die Verbrauchsstruktur.

Es ergibt sich eine Dreiteilung der Artikel in R- (regelmäßiger Verbrauch), S- (saisonaler Verbrauch) und U-Artikel (unregelmäßiger Verbrauch). Ergebnis ist eine Prioritätenliste zur Optimierung der Materialdisposition.

Sammel- und Trennverfahren

1. *Begriff:* Sammlung und Trennung von Reststoffen sind wesentliche Aufgaben der Entsorgungslogistik, indem sie die Voraussetzungen für einen Wiedereinsatz der Reststoffe (Recycling) schaffen. Die Sammlung bewirkt im Wesentlichen eine Mengenänderung von Reststoffen und die Trennung dient dazu, Wertstoffe von Rückständen zu separieren. Beide Aufgaben sind stark miteinander verknüpft. So lässt sich bereits durch eine getrennte Sammlung der Reststoffe am Anfallort eine hohe Sortenreinheit der Wertstoffe erreichen, der jedoch Mehrkosten durch einen größeren Platzbedarf für Sammelbehälter und höhere Kosten für den Transport entgegenstehen. Demgegenüber müssen bei einer gemischten Sammlung die Reststoffe im Vorfeld ihrer Aufbereitung einer nachträglichen Trennung zugeführt werden. Dabei werden an die Logistikprozesse bei Reststoffgemischen wegen der größeren Mengenströme und der undifferenzierten Behandlung vergleichsweise geringe Anforderungen gestellt. Aufgrund der vorausgehenden Vermischung in Sammelbehältern und -fahrzeugen lassen sich bei der nachträglichen Trennung jedoch meist nur schlechtere Ergebnisse erzielen als bei der getrennten Sammlung.

2. *Sammelverfahren:* Bei den Sammelverfahren können Umleer-, Wechsel- und Einwegverfahren unterschieden werden. Während beim *Umleerverfahren* Sammelbehälter Verwendung finden, die über Hub- und Kippvorrichtungen in die Sammelfahrzeuge umgeleert und an denselben Standplatz zurückgestellt werden, ist das *Wechselverfahren* dadurch gekennzeichnet, dass volle Sammelbehälter am Standplatz gegen leere gleicher Art ausgetauscht und zur Entleerung transportiert werden, nach der sie am gleichen oder auch an anderen Standplätzen deponiert werden. Bei den *Einwegverfahren* werden die Reststoffe in Säcken aus Papier oder Kunststoff bereitgestellt und verladen. Der Sammelvorgang verkürzt sich dadurch, dass die Behälterreinigung entfällt und keine entleerten Behälter an die Standplätze zurückgebracht werden müssen.

3. Auch im Rahmen der Entsorgung von Haushaltsabfällen gewinnt die getrennte Sammlung von Wertstoffen stark an Bedeutung. Nach dem

Kriterium „Benutzerkomfort" lassen sich *Hol- und Bringsysteme* unterscheiden. Bei erstgenannten werden die Wertstoffe beim Abfallerzeuger abgeholt, während bei letztgenannten die Abfallerzeuger die Wertstoffe zu zentralen Sammelstellen bringen.

Ferner können nach dem Kriterium „Grad der Vorsortierung" *Einstoff-, Einzelstoff- und Mehrstoffsammlung* differenziert werden. Die Einstoffsammlung zielt auf die Erfassung nur eines Wertstoffes ab. Bei der Einzelstoffsammlung werden mehrere Wertstoffe in jeweils separaten Behältern erfasst. Die Mehrstoffsammlung sieht dagegen eine gemischte Erfassung mehrerer Wertstoffe mit nachträglicher Sortierung vor.

Im Hinblick auf das Kriterium „Ablauforganisation" kann zwischen *integrierten und additiven Systemen* gewählt werden. Bei integrierten Lösungen erfolgt die Sammlung von Wertstoffen und Rückständen gemeinsam in einem Arbeitsgang mit einem Mehrkammerfahrzeug. Im Rahmen von additiven Systemen werden hingegen die Wertstoffe mit separaten Fahrzeugen und getrennten Behältern gesammelt.

Sammelladungsverkehr

Sammelgutverkehr, Spediteur-Sammelgutverkehr; gemeinsame Beförderung einer Vielzahl verschiedener relativ kleiner Sendungen als Sammelladung im Hauptlauf einer Transportkette. Die Sendungen werden im Vorlauf durch einen als Versandspediteur fungierenden Verkehrsbetrieb eingesammelt und im Nachlauf durch einen als Empfangsspediteur fungierenden Verkehrsbetrieb an ihre Empfänger verteilt.

Schiffsverkehr

Personen- und Güterverkehr auf Wasserstraßen und dem offenen Meer mit Personenschiffen (Fähre, Rundfahrt-, Ausflugs-, Kabinen-, Kreuzfahrtschiff) und Güterschiffen (Binnenmotorschiff, Schubverband, Küstenmotorschiff, Hochseeschiff) durch Binnen-, Küsten- und Hochseeschifffahrtsbetriebe sowie mit privaten Wasserfahrzeugen.

Sekundärbedarf

Rohstoffe, Einzelteile und Baugruppen, die zur Erzeugung des Primärbedarfs benötigt werden.

Sellside-Marktplatz

Begriff aus dem E-Commerce. Käufer stellen ihre Ausschreibungen und Anfragen auf einer Sellside elektronisch zur Verfügung und ermöglichen auf diese Weise einen Onlineangebots- und Abwicklungsprozess. Typischerweise gibt es auf einem Sellside-Marktplatz einen (oder wenige) Verkäufer und mehrere (oder viele) Käufer.

Sendung

Gesamtheit der Güter, die gemeinsam von einem Versender zu einem Empfänger zu befördern sind.

Sendungsverfolgung

Tracking, Tracing; IT-gestützte Systeme zur Verfolgung des aktuellen Bearbeitungszustandes von Sendungen oder Ladungen innerhalb physischer Supply Chains der Industrie und des Handels.

Senke

Begriff aus der Transportlogistik und der innerbetrieblichen Logistik. Bezeichnet den Verbrauchsort oder Zielort eines Güteraufkommens oder Materialflusses.

Sicherheitsbestand

Eiserner Bestand; Vorratsmenge, durch die nach statistischer Wahrscheinlichkeit auftretende potenzielle Entnahmeüberschreitungen, Überschreitungen der Beschaffungszeit/Lieferzeit oder Fehler hinsichtlich der Lieferungsbeschaffenheit ausgeglichen werden können.

Bewertung des eisernen Bestandes als zusammengefasster Posten von Vermögensgegenständen des Vorratsvermögens mit Festwerten unter unverändertem Bilanzansatz in aufeinander folgenden Geschäftsjahren ist unter bestimmten Voraussetzungen (Festwert) handels- und steuerrechtlich anerkannt. Die gegebenenfalls mit dem eisernen Bestand betriebspolitisch angestrebte Substanzerhaltung kann durch Festbewertung beim eisernen Bestand (zur Vermeidung von Scheingewinnen durch Preissteigerungen) nur in den engen Grenzen des Festwertverfahrens erreicht werden.

Single Sourcing

Beschaffungsstrategie, die eine gezielte, freiwillige Beschränkung auf einen – bei Dual Sourcing zwei – Lieferanten vornimmt. Die spezifischen Vorteile liegen in der Möglichkeit einer intensiven Zusammenarbeit bereits in frühen Phasen des Produktentwicklungsprozesses.

Spediteur

I. *Begriff*

Derjenige, der gewerbsmäßig im Rahmen der für Speditionsgeschäfte gültigen Rechtsvorschriften Güterversendungen durch Frachtführer oder Verfrachter von Seeschiffen für Rechnung eines anderen (des Versenders) im eigenen Namen besorgt (§ 453 HGB). Das „Besorgen von Güterversendungen" beinhaltet die kaufmännisch-organisatorische Auswahl und Kontrolle von und den Vertragsabschluss mit Frachtführern bzw. Verfrachtern, Verkehrsbetrieben, die dann die Güter des Auftraggebers (des Versenders) zu befördern haben. Übernimmt der Spediteur auch Beförderungen, so ist er *zugleich* auch Frachtführer bzw. Verfrachter (Selbsteintritt, § 458 HGB).

Frachtrecht gilt ferner für den Spediteur, wenn als Vergütung ein Betrag vereinbart ist, der die Beförderungskosten einschließt (§ 459 HGB) oder wenn er das Gut als Sammelladung mit Gütern anderer Auftraggeber versendet (§ 460 HGB).

II. *Arten*

1. Nach der *rechtlichen Stellung* gegenüber dem Auftraggeber:

a) *Haupt-Spediteur:* Der vom Versender beauftragte Spediteur, der sich zur Durchführung des Auftrags anderer Spediteure bedienen muss.

b) *Nachfolgender Spediteur:* Dieser erhält vom Haupt-Spediteur den Auftrag zur Fortsetzung des Transports und zur Ablieferung in eigenem Namen für Rechnung des Versenders; er ist nicht Erfüllungsgehilfe des Haupt-Spediteurs, sondern selbstständiger Spediteur.

c) *Unter-Spediteur:* Unselbstständiges Hilfsorgan (Erfüllungsgehilfe), mit dem der Haupt-Spediteur auf eigene Rechnung kontrahiert.

2. Nach der *Funktion* bei der Abwicklung des Beförderungsauftrags:

a) *Versand-Spediteur (Platz-Spediteur):* Gegebenenfalls mit der Aufgabe, das Gut heranzuschaffen.

b) *Empfangs-Spediteur (Abroll-Spediteur):* Mit der Aufgabe der Auslieferung, gegebenenfalls auch der Anfuhr des Gutes.

3. Nach der *vom Standort ausgehenden Spezialisierung:*

a) *Grenz-Spediteur (Zoll-Spediteur, Umschlag-Spediteur):* Mit dem Sitz an der Grenze und besonderer Erfahrung in Zollangelegenheiten.

b) *Binnen-Spediteur,*

c) *Seehafen-Spediteur:* Umschlag-Spediteur von Land- auf Seeverkehrsmittel oder umgekehrt; bei Transitverkehr zugleich Grenz-Spediteur, vielfach noch vom Heimathafen aus spezialisiert auf Bezugs- oder Lieferländer oder nach Warenarten.

4. Nach den vorwiegend *behandelten Wirtschaftsgütern:*

a) *Möbel-Spediteur,*

b) *Bücher-Spediteur.*

5. Nach *Warenarten* wie unter 3c.

6. Nach der Art der vorwiegend *ausgeführten Transporte:*

a) *Paket-Spediteur,*

b) *Expressgut-Spediteur,*

c) *Sammelladungs-Spediteur* im Rahmen des Sammelladungsverkehrs.

III. *Pflichten*

1. *Gesetzliche Regelung:* Die Besorgung der Versendung wird in § 454 I HGB näher ausgestaltet. Dazu gehören

a) die Bestimmung des Beförderungsmittels und des -weges,

b) die Auswahl der ausführenden Unternehmer, der Abschluss der erforderlichen Fracht-, Lager- und Speditionsverträge und die Erteilung der Informationen und Weisungen an die ausführenden Unternehmer und

c) die Sicherung von Schadensersatzansprüchen des Versenders.

Nach § 454 II HGB zählen zu den Pflichten des Spediteurs nur dann die Ausführung sonstiger, auf die Beförderung bezogener Leistungen wie z. B. die Versicherung und Verpackung des Gutes, seine Kennzeichnung und Zollbehandlung, wenn dies besonders vereinbart wurde. Der Spediteur kann aber ebenso durch Vereinbarungen mit dem Versender diese Pflichten nach Absatz 2 dahingehend beschränken, dass er nur den Abschluss der dazu erforderlichen Verträge schuldet. Stets hat der Spediteur das Interesse des Versenders wahrzunehmen und dessen Weisungen zu befolgen (§ 454 IV HGB).

2. Abwandlung nach den *Allgemeinen Deutschen Spediteurbedingungen (ADSp)* i.d.F. vom 13.12.2002 (BAnz 2003, 130) gültig ab 1.1.2003: Abweichende Vereinbarungen durch die ADSp, welche bisher weitgehend als AGB vereinbart wurden und wodurch die Haftung des Spediteurs durch die Versicherung ersetzt wurde, sind nur noch im Rahmen des § 466 HGB möglich.

Wichtige Regelungsinhalte der ADSp sind u.a.

a) der Spediteur ist verpflichtet, eine Haftungsversicherung abzuschließen und aufrecht zu halten, die seine verkehrsvertragliche Haftung nach dem ADSp und nach dem Gesetz im Umfang der Regelhaftungssummen abdeckt (Ziff. 29, 1 ADSp). Der Spediteur darf sich gegenüber dem Auftraggeber auf die ADSp nur berufen, wenn er bei

Auftragserteilung einen ausreichenden Haftungsversicherungsschutz vorhält (Ziff. 29, 3 ADSp).

b) *Haftungsgrenze:* Eine umfangreiche Regelung von Haftungsbegrenzungen sehen Ziff. 23 und 24 ADSp vor.

IV. *Rechte*

1. Recht auf *Provision* und *Aufwendungsersatz:* Der Anspruch entsteht mit der Übergabe des Gutes an den Frachtführer oder Verfrachter (§ 456 HGB). Gezahlte Fracht, Lagergeld und sonstige Spesen sind zu ersetzen. Es darf keine höhere als die wirklich verauslagte Fracht berechnet werden, Frachtabschläge sind dem Versender gutzubringen. Eingehende Regelung der Ansprüche auf Entgelt und Auslagenersatz, Leistungsfreiheit bei Hindernissen in den Ziff. 16 ff. ADSp.

2. *Sicherungsrechte:*

a) Gesetzliches Pfandrecht am Speditionsgut, solange der Spediteur es im Besitz hat oder durch Konnossement, Ladeschein oder Lagerschein darüber verfügen kann (§ 464 HGB);

b) Zurückbehaltungsrecht nach Ziff. 20.1 ADSp.

V. *Haftung*

1. Nach §§ 461 I, 426, 427 HGB haftet der Spediteur für den Schaden, welcher bei Verlust oder Beschädigung des in seiner Obhut befindlichen Gutes entsteht, in gleicher Weise wie der Frachtführer. Danach haftet er für Güterschäden regelmäßig in Höhe von 8.33 SZR/kg wie ein Frachtführer aus vermutetem Verschulden. Von dieser Haftung kann nur sehr eingeschränkt im Rahmen des § 466 HGB abgewichen werden.

2. Bei Vorsatz oder Leichtfertigkeit entfällt die Summenbegrenzung und der Spediteur haftet voll (§§ 461 I, 435 HGB).

3. Für nicht in der Obhut des Spediteurs entstandene Güterschäden haftet der Spediteur ohne Summenbegrenzung in der Regel, wenn er eine ihm nach § 454 HGB obliegende Pflicht verletzt und der Schaden durch die

Sorgfalt eines ordentlichen Kaufmanns hätte abgewendet werden können
(§ 461 II HGB).

4. Für Verschulden „seiner Leute" bzw. Hilfspersonen muss der Spediteur
gemäß § 462 HGB einstehen.

5. Alle mit den Speditionsleistungen verbundenen Ansprüche verjähren innerhalb eines Jahres, bei Vorsatz oder Leichtfertigkeit 3 Jahre nach
Ablieferung des Gutes (§§ 463, 439 HGB).

Spedition

Logistikunternehmen; mit der Definition des Spediteurs wird der ursprüng-
liche Leistungsbereich von Speditionen, d.h. die Planung, Organisation und
Steuerung des Güterflusses und des damit verbundenen Informationsflus-
ses, beschrieben. Darüber hinaus treten Speditionen bei Selbsteintritt als
Frachtführer auf und übernehmen immer häufiger die Rolle eines logistischen Systemanbieters, der neben sämtlichen logistischen Funktionen
auch Servicefunktionen wie Merchandising, Logistikberatung, Qualitäts-
kontrolle und Montage sowie Fakturierung anbietet.

Stafettenverkehr

Streckenverkehr, bei dem eine Transporteinheit für einzelne Teilstrecken
von wechselndem Fahrpersonal und/oder wechselnden Fahrzeugen (LKW,
Zugmaschine, Lokomotive, Schleppschiff usw.) transportiert wird.

Stauen

Einbringen und Sichern von Gütern in Laderäumen von Transportmitteln,
in Ladeeinheiten und in Lagerräume unter besonderer Berücksichtigung
der Raumverhältnisse, der transport- und lagerungsrelevanten Gütereigenschaften und der statischen und dynamischen Beanspruchungen.

Straßenverkehrsgenossenschaft (SVG)

Kooperationen von Gütertransportunternehmen und Spediteuren sowie
Zusammenschlüsse von Unternehmen, die Personenbeförderung durchführen.

1. Die Straßenverkehrsgenossenschaft (*SVG*) im engeren Sinne ist eine Kooperation im Straßengüterverkehr, die Produkte und Dienstleistungen für Unternehmen des Verkehrsgewerbes anbieten. Der genossenschaftliche Geschäftsbetrieb deckt bis zu einem gewissen Grade die beschaffungs- und absatzausgerichteten Bedürfnisse der Mitglieder. Aufgabenbereiche sind: Beschaffung von Treibstoffen und Zubehör, unterwegs Betreuung von Personal und Fahrzeugen durch Errichtung und Unterhaltung von Autohöfen, Durchführung von Fahrerschulung und Vermittlung von Kfz-Finanzierung, Versicherungsschutz und Abschluss von Kollektivversicherungspolicen sowie die Unterhaltung von Informationsdiensten und Rechenzentren. Die Straßenverkehrsgenossenschaft (*SVG*) ist regional organisiert; sie ist an die Bundes-Zentralgenossenschaft-Straßenverkehr (BZG eG) Frankfurt a.M. angeschlossen.

2. *Spediteurgenossenschaften* sind Kooperationen von Spediteuren, die absatzwirtschaftlich ausgerichtet sind, jedoch auch als Sammelladegemeinschaften auftreten.

3. *Genossenschaften des Personenverkehrs* sind Taxigenossenschaften, in denen Unternehmen mit einem oder mehreren Funk-Taxis zusammengeschlossen sind. Ihre Funktionen sind insbesondere Funkvermittlung und damit Erleichterung des Marktzugangs, Vereinbarung des Dienstleistungsentgeltes, Werbung, gemeinsamer Einkauf von Treibstoffen, Hilfs- und Betriebsstoffen sowie Ersatzteilen.

Streckenverkehr

Verkehr zur Verbindung weniger relativ weit voneinander entfernt liegender Orte.

Stückgut

Güterart, die aus sich heraus, verpackt oder mit einer Ladeeinheit verbunden so formbeständig ist, dass sie bei Transport-, Lagerungs- und Umschlagsvorgängen als Beförderungseinheit zu behandeln ist. Maximalgewicht üblicherweise bis 3 t.

Supply Chain Management (SCM)

1. *Begriff:* Supply Chain Management bezeichnet den Aufbau und die Verwaltung integrierter Logistikketten (Material- und Informationsflüsse) über den gesamten Wertschöpfungsprozess, ausgehend von der Rohstoffgewinnung über die Veredelungsstufen bis hin zum Endverbraucher. Supply Chain Management beschreibt somit die aktive Gestaltung aller Prozesse, um Kunden oder Märkte wirtschaftlich mit Produkten, Gütern und Dienstleistungen zu versorgen. Im Unterschied zum Begriff Logistik beinhaltet Supply Chain Management neben den physischen Aktivitäten auch die begleitenden Auftragsabwicklungs- und Geldflussprozesse. Durch den papierlosen Austausch von planungsrelevanten Daten können die Beschaffungs-, Produktions- und Vertriebsplanungen auf den verschiedenen Stufen aufeinander abgestimmt werden, und die Unternehmen können auf Störungen unmittelbar mit Planänderungen reagieren.

2. *Ziele:* Optimierung der Leistungen und Services der Supply Chain in Bezug zu den eingesetzten Kosten.

3. *Voraussetzungen:*

a) Supply Chain Management setzt v.a. die Integration der Informationsverarbeitung zwischen den Partnern der Supply Chain voraus. Dazu sind geeignete Schnittstellen oder Services zum Informationsaustausch zwischen den Stufen der Supply Chain zu schaffen.

b) Die Notwendigkeit für ein Unternehmen, seine Zulieferer und Abnehmer über Störungen in der eigenen Logistikkette zu informieren, setzt ein hohes Maß an Vertrauen zwischen den Partnern der Supply Chain voraus.

Supply Chain Operations Reference-Model (SCOR)

Generisches und modulares Modell der Supply Chain, mit dem eine einheitliche Terminologie zur Beschreibung und Analyse von Supply Chain Aktivitäten vorgeschlagen wird.

Tara

Gewicht der Verpackung bzw. Ladeeinheit als Differenz zwischen dem Brutto- und dem Nettogewicht einer Ladung, Sendung oder anderen Gütereinheit im Verkehr.

Telematik

Begriff, der für die Integration von Telekommunikation und Informatik steht. Technische Einrichtungen zur Ermittlung, Speicherung und/oder Verarbeitung von Daten und Informationen sind heute stets mithilfe von Telekommunikationssystemen miteinander vernetzt. Der Begriff Telematik hat in den letzten Jahren schwerpunktmäßig Verwendung im Verkehrsbereich gefunden.

Die dort eingesetzten Telematik-Systeme lassen sich wie folgt unterteilen:

(1) nach den Verkehrsträgern, wie Wasser, Schiene, Luft und Straße;

(2) nach der Differenzierung zwischen individuellen und kollektiven Systemen;

(3) nach der Zielgruppe: Verkehrsanbieter, Nachfrager und der Verknüpfung beider unter Einbeziehung von Verkehrsmittlern;

(4) nach dem Ziel einer Kapazitätserhöhung der vorhandenen Verkehrsinfrastruktur, einer Produktivitätsverbesserung im Transport oder einer Rationalisierung der administrativen Prozesse in Verkehrsbetrieben.

Terminal

Endstation; im Verkehr Bezeichnung für Bahnhöfe (End- oder Kopfbahnhof), Teile von Flughäfen (Passagier-Terminal, Luftfracht-Terminal) und für Umschlagsbetriebe und -anlagen (Container-Terminal) in Häfen und auf Bahnhöfen.

Tertiärbedarf

Bedarf an Hilfs- und Betriebsstoffen, die zur Erzeugung des Primärbedarfs benötigt werden.

Third Party Logistics

Abkürzung *3PL*; die Vergabe von Logistikleistungen an einen Logistik-(dienst)leister. Dieser ist die „dritte Partei" zwischen dem Hersteller oder dem Handelsunternehmen und dem Endkunden. 3 PL Leistungen sind insbesondere auch denkbar im Rahmen von § 454 II HGB als sog. „beförderungsbezogene Zusatzleistungen" des Spediteurs. Noch weitergehend als Third Party Logistics ist die Fourth Party Logistics. Der 4PL übernimmt als Netzwerkintegrator die übergreifende Steuerung der im logistischen Netzwerk verteilten technologischen und personellen Ressourcen.

Tonnenkilometer (tkm)

Statistische Kennzahl für die Messung der Beförderungsleistung im Güterverkehr zu Lande, zu Wasser und in der Luft (Verkehrsleistung), errechnet als Produkt aus dem Gewicht der beförderten Güter und der Versandentfernung:

1 Tonnenkilometer (tkm) = Beförderung von Gütern im Gewicht von 1 t über 1 km.

Trans European Road Network

Von der EU festgelegtes transeuropäisches Straßen-(Verkehrs-)netz, dessen Ausbau mit Priorität gefördert wird.

Transport

I. *Außerbetrieblicher Transport*

Raumüberbrückung von Gütern mithilfe von Transportmitteln. Zentrale Funktionen des Transportes sind die Beförderung und der dazu erforderliche Umschlag.

Bei Vorliegen eines Transportbedarfs wird die Wahl des kostengünstigsten Transportmittels (See-/Binnenschiff, Eisenbahn, Lastkraftwagen, Flugzeug) besonders von transportgutabhängigen (Produktbeschaffenheit, Verpackungsart, Bestellmenge), transportmittelabhängigen (Ladekapazität, Zuverlässigkeit, Schnelligkeit, Sicherheit, Kosten), geschäftspartnerorientierten (Entfernung zwischen Liefer- und Empfangspunkt, Zugänglichkeit zum Transportnetz, Transportzeiten) sowie gesetzlichen Einflussfaktoren bestimmt. Die dadurch bedingte Problemkomplexität erfordert eine situationsbezogene Transportmittelwahl.

II. *Innerbetrieblicher Transport*

Planung, Steuerung und Durchführung von Aktivitäten der Ortsveränderung innerhalb von Betrieben und Betriebsteilen. In DIN 30 781, Teil 1 wird der innerbetriebliche Transport mit „Fördern" bezeichnet und als die Ortsveränderung von Personen und/oder Gütern mit manuellen oder mit technischen Mitteln definiert. Beide Teilfunktionen des Transports beeinflussen sich gegenseitig und sollten im Sinne der Logistikkonzeption sowohl auf der Realisierungsebene als auch auf der Planungs- und Steuerungsebene verknüpft sein.

Die Durchführung von innerbetrieblichen Transportvorgängen erfolgt mithilfe fördertechnischer Einrichtungen. Diese erstrecken sich sowohl auf den Fertigungsbereich als auch auf Lager im Bereich der Beschaffung und Distribution (Lager).

Die Planung des innerbetrieblichen Transports lässt sich in die Planung der innerbetrieblichen Transportstruktur und der Transportprozesse gliedern. Beide sind Teilbereiche der Planung des innerbetrieblichen Materialflusses.

Transportkette

Verkehrskette, Reisekette; nach DIN 30 780 eine „Folge von technisch und organisatorisch miteinander verknüpften Vorgängen, bei denen Personen oder Güter von einer Quelle zu einem Ziel bewegt werden".

1. *Funktionale Transportkette:* Abfolge von Transporten, Zwischenlagerungen und Umsteige- oder Umlagevorgängen. Eingliedrig, wenn außer dem ersten Einsteige- bzw. -ladevorgang und dem letzten Aussteige- bzw. -ladevorgang kein Umsteigen bzw. Umladen erforderlich ist; andernfalls mehrgliedrig (gebrochener Verkehr). Beim Umladen ohne die Auflösung von Ladeeinheiten liegt kombinierter Verkehr vor.

2. *Institutionale Transportkette:* Zusammenfassung der an einer funktionalen *Transportkette* beteiligten Betriebe, die im Werkverkehr oder als Dienstleister einen Vorgang oder mehrere der *Transportkette* ausführen.

3. *Dokumentationskette:* Datenkommunikation zur Steuerung und Registrierung der Vorgänge in einer *Transportkette* mittels Papierbelegen, elektronischer Informationsträger oder Netztechnologien.

4. *Transportphasen:* Phasen der Beförderung von Personen und Gütern:

a) *Vorlauf* (Zubringerverkehr) von den verschiedenen Quellen zu einer Sammelstation (z. B. Bahnhof, Hafen, Flughafen);

b) *Hauptlauf* zu einer Verteilstation;

c) *Nachlauf* zum Erreichen der einzelnen Ziele.

Die gemeinsame Beförderung einer möglichst großen Personenzahl bzw. Gütermenge in einem möglichst langen Hauptlauf zwischen Quellen und Zielen dient der Senkung der Beförderungskosten je Person bzw. Gütereinheit wegen der dadurch erzielbaren Economies of Scale.

Transportkosten

1. *Begriff:* Die für die Raumüberbrückung von Transportgütern (Einsatzstoffe, Halb- und Fertigprodukte, Ersatzteile etc.) und Personen anfallenden Kosten der Bereitstellung und Bereithaltung von Transportkapazität und -betriebsbereitschaft, der Durchführung von Transportvorgängen und des Fremdbezugs von Transportleistungen.

2. *Bestandteile:*

a) Fremdtransportkosten, z. B. für Straßen-, Schiffs-, Luft- und Bahntransport sowie transportbedingte Verpackungs- und Abwicklungskosten;

b) Kosten der Transportkapazität, z. B. Kosten der Fördermittelsysteme und des Transportpersonals;

c) Kosten der Transportbereitschaft und -durchführung, z. B. Instandhaltungs- und Energiekosten und Kosten für Transportschäden.

3. *Verrechnung:* Im Beschaffungsbereich werden Transportkosten als Anschaffungsnebenkosten zumeist den beschafften Gütern direkt zugerechnet. Im Vertriebsbereich erfolgt (bei Verkauf ab Werk) häufig eine Kalkulation als Sondereinzelkosten des Vertriebs. Kosten des innerbetrieblichen Transports werden häufig nur ungenau erfasst und nur selten den Transportgütern direkt zugerechnet.

Transportproblem

Distributionsproblem, Verteilungsproblem; Fragestellung über ein reales System, bei dem Güter zur Befriedigung eines Bedarfs von definierten Orten (Vorratsorte) zu definierten anderen Orten (Bedarfsorte) unter Beachtung bestimmter Nebenbedingungen (z. B. Kapazitätsbeschränkungen der Transportmittel, Liefertermine) auf definierten Transportstrecken so zu bewegen sind, dass vorgegebene Ziele (z. B. Transportkostenminimierung, Maximierung der Kapazitätsauslastung) erfüllt werden. Zur Lösung dieses Problems werden mathematische Optimierungsverfahren benutzt.

Transportunternehmen

Logistikunternehmen, die im Leistungsschwerpunkt Transportleistungen und im geringeren Maße auch Umschlag-, Kommissionier- und weitere Logistikleistung anbieten. Sie können nach Art der Transportobjekte in Personen- und Güterverkehrsbetriebe unterteilt werden, wobei letztere nach Massen-, Stück- und Spezialgütern differenziert werden. In Abhängigkeit vom benutzten Verkehrsweg können Straßenverkehr, Schienenverkehr, Binnen- und Seeschifffahrt, Luftverkehr und Rohrleitungsverkehr unterschieden werden.

Formen: Nach der Organisation der Transporte sind Linien- und Gelegenheitsverkehre voneinander zu unterscheiden. Im Linienverkehr wird die regelmäßige Bedienung festgelegter Routen unter Erwartung einer bestimmten Nachfrage angeboten, während im Gelegenheitsverkehr der Transport erst nach Vorliegen eines Kundenauftrags durchgeführt wird.

Trucking

Englischsprachiger Begriff für den Transport in LKWs bzw. für die gesamte Straßenverkehrswirtschaft (Trucking Industry). In einem engeren Sinne bezeichnet Trucking die Road-Feeder-Services (RFS) oder den Luftfrachtersatzverkehr (LEV): ein Zubringerdienst für die Beförderung von Luftfracht durch LKWs (meist Sattelauflieger) vor Beginn oder nach Abschluss des eigentlichen Luftfracht-Transportauftrags, z. B. von einem Abgangsflughafen zu einem Empfänger. Die Luftfrachtrate enthält in der Regel diesen Zubringerdienst.

Auch: Die Beförderung von durch den Kunden fertig vordisponierten Ladungen (meist Sattelauflieger) durch Schleppfahrzeuge eines Transportdienstleisters. Dieser hat dann keinen Einfluss mehr auf Zusammensetzung und Art der beförderten Ware. Seine Dispositionstätigkeit beschränkt sich auf den zeitgerechten und möglichst kontinuierliche Umläufe erzeugenden Einsatz der Zugfahrzeuge und deren Fahrer.

Twenty Foot Equivalent Unit (TEU)

20-Fuß-Einheit; Maßeinheit im Containerverkehr. Zur Vereinheitlichung der Kapazitäts- und Durchsatzmessung werden Container verschiedener Länge auf diese Längeneinheit umgerechnet.

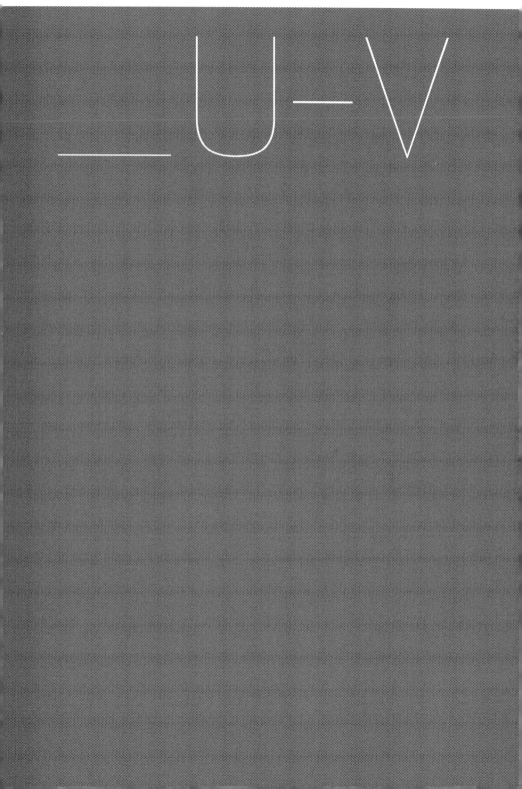

Umschlag

Wechseln von Gütern von einem Arbeitsmittel zu einem anderen innerhalb einer Transportkette. Der Umschlagsprozess wird entweder mithilfe eines dritten Arbeitsmittels, z. B. eines Krans, eines Gabelstaplers oder Roboters durchgeführt oder ein Arbeitsmittel führt den Umschlagsprozess selbst durch (z. B. Lkw mit Lastaufnahmemittel).

Umschlagskosten

Kosten für den Güterumschlag (Umschlagen) entweder in Höhe der Preise umschlagender Verkehrsbetriebe und/oder Kosten des Einrichtens, Unterhaltens und Verwaltens betriebseigener Umschlagsanlagen.

Verkehrsbetrieb

1. *Begriff:* Organisierte Wirtschaftseinheit, deren ökonomische Leistungen überwiegend Verkehrsleistungen sind.

2. *Arten* (je nach vorherrschender Funktion):

a) *Transportbetriebe* bilden die zahlenmäßig größte Gruppe mit dem Tätigkeitsschwerpunkt der unmittelbaren physischen Ortsveränderung von Personen und Gütern im Straßen-, Schienen-, Leitungs-, Schiffs- und Luftverkehr.

b) *Weg- und Stationsbetriebe* bieten die häufig zugehörigen Dienstleistungen, indem sie Straßen, Wasserstraßen und Luftstraßen sowie Autohöfe, Omnibusbahnhöfe, Bahnhöfe, Häfen und Flughäfen unterhalten und/oder den Verkehr sichern.

c) *Lager- und Umschlagsbetriebe* betreiben die Lagerei und/oder das Umschlagen und häufig auch das Verpacken und Stauen von Gütern.

d) *Verkehrsmittlerbetriebe,* z. B. als Spediteure oder Reiseveranstalter, wählen Dienstleistungen anderer Verkehrsbetriebe für ihre Kunden aus und koordinieren sie.

3. *Zuordnung* eines bestimmten Verkehrsbetriebes zu einer der genannten Gruppen ist jedoch nur bei kleineren Betrieben möglich, da die Integration

verschiedener Tätigkeitsbereiche eine typische Begleiterscheinung des Wachstums von Verkehrsbetrieben ist.

4. Verkehrsbetriebe *des öffentlichen Personennahverkehrs (öPNV): Zusammenschlüsse:*

a) *Querverbund:* Zusammenschluss mit Versorgungsbetrieben.

b) *Verkehrsverbund:* Zusammenschluss von verschiedenen Trägern (z. B. Deutsche Bahn AG und kommunale Verkehrsbetriebe), um die jeweiligen Räume wirtschaftlicher erschließen und bedienen zu können.

Pflichten: Für Verkehrsbetriebe des öPNV gilt die Tarifpflicht, Beförderungspflicht, Betriebspflicht und Fahrplanpflicht.

Interessenvertretung der Verkehrsbetriebe *des öPNV und des Eisenbahngüterverkehrs:* Verband Deutscher Verkehrsunternehmen (VDV).

Verkehrsbetriebslehre

1. *Begriff:* Teildisziplin der Betriebswirtschaftslehre (BWL), in der auf der Grundlage allgemeiner betriebswirtschaftlicher Theorien wissenschaftliche Erkenntnisse über ökonomisch relevante Sachverhalte, Probleme und Gestaltungsmöglichkeiten der Betriebe des Verkehrssektors der Wirtschaft (Verkehr) gewonnen und vermittelt werden.

2. *Ziele:* Die Verkehrsbetriebslehre dient der Steigerung von Effizienz und Effektivität durch die Verbesserung des Wissens über

(1) die Erscheinungsformen und Existenzbedingungen von Verkehrsbetrieben in ihrer Umwelt *(Morphologie),*

(2) die Ziele und Rahmenbedingungen bei der Gestaltung von Strukturen und Prozessen zur langfristigen Existenzsicherung der Betriebe *(Strategie) und*

(3) Verfahren der Planung, Information, Entscheidung, Realisation und Kontrolle des verkehrsbetrieblichen Managements *(Methodik).*

Verkehrsleitsystem

Beeinflusst in Abhängigkeit von dynamischen Verkehrsflussinformationen den Verkehr durch kollektive (z. B. Wechselverkehrszeichen und Wechselwegweiser) sowie durch individuelle Systemkomponenten (z. B. RDS/TMS und leitsystemgesteuerte Navigationssysteme).

Verkehrsverbund

Zusammenschluss von Unternehmen des öffentlichen Personennahverkehrs (öPNV); Verkehrsbetriebe, die durch gemeinsame Verkehrsforschung, Netzgestaltung und Linienführung, Fahrplan- und Tarifgestaltung, Einnahmeaufteilung sowie Verkehrswerbung die Attraktivität des öPNV steigern und die Kosten pro Leistungseinheit senken wollen.

Verpackung

I. *Allgemein*

1. *Begriff:* Unter Verpackung wird die ein- oder mehrfach vorgenommene Umhüllung eines Packgutes zum Zweck des Schutzes (der Umgebung, des Packgutes), der Portionierung (bei Produktion, Verwendung) sowie der Lagerung, des Transports, der physischen Manipulation sowie der Vermarktung verstanden. Die Verpackung bildet eine Einheit aus den Komponenten Packmittel, Packstoff und Packhilfsmittel. Aus dem Packstoff, d.h. dem Werkstoff der Verpackung, wird das Packmittel hergestellt, das dazu bestimmt ist, das Packgut zu umschließen oder zusammenzuhalten. Die Packhilfsmittel ermöglichen zusammen mit dem Packmittel das Verpacken, Verschließen und die Versandvorbereitung eines Packgutes.

2. *Arten:* Die Wahl der Verpackungsart innerhalb des Verpackungssystems hängt von den wahrzunehmenden Verpackungsfunktionen ab. Es kann zwischen Transport- und Verkaufsverpackung unterschieden. Wegen der Wiedererkennungsform der Verkaufsverpackung ergeben sich direkte Zusammenhänge zur Markengestaltung (z. B. Toblerone). Die Lösung des Verpackungsproblems obliegt einem Verpackungsteam, das zunächst die Anforderungen analysiert, die an die Verpackung gestellt werden. Die

Konkurrenz verschiedener Anforderungen erfordert eine Prioritätensetzung bei der Verpackungsgestaltung. Die Dominanz bestimmter Anforderungen aufgrund einer solchen Prioritätensetzung kann als Kriterium für die Zurechnung der Verpackungskosten zu den einzelnen Funktionsbereichen herangezogen werden.

Rechtliche Regelung der Verpackungs-*Rücknahme:* Verpackungsverordnung (VerpackV).

II. *Versicherungswesen*

Vom Standpunkt des Versicherers aus soll die Verpackung den gewöhnlichen Ereignissen des Transportes, die vorauszusehen sind, widerstehen können, weshalb Schäden als Folge mangelhafter Verpackung im Allgemeinen ausgeschlossen werden, es sei denn, die mangelhafte Verpackung ist handelsüblich. Erstklassige (z. B. „seemäßige" oder „beanspruchungsgerechte") Verpackung führt zu Prämiennachlässen. Für Wertsendungen (Valorenversicherung), Kunstgegenstände, Umzugsgut und Maschinentransporte gelten Sonderbedingungen mit verschärften Anforderungen an die Verpackung

Verpackungsarten

Arten von Verpackungen, die sich gemäß den Kriterien „Verpackungsinhalt" und „Aufgabenbereich", unterteilen lassen.

1. Nach dem *Verpackungsinhalt* können Einzel-, Sammel- und Versandpackungen unterschieden werden. Während eine *Einzelpackung* direkt das Packgut umschließt und somit die kleinste Verpackungseinheit darstellt, umfasst die *Sammelpackung* diejenigen Mengen eines Packgutes, in denen dieses gelagert wird. Die *Versandpackung* bezieht sich auf einen Kundenauftrag und kann somit verschiedene Packgüter sowohl in Einzel- als auch in Sammelverpackungen enthalten.

2. Nach Maßgabe der *Aufgabenerfüllung* und in Anlehnung an die Verordnung über die Vermeidung und Verwertung von Verpackungsabfällen vom 7.8.1998 (BGBl. I 2379 mit allen nachfolgenden Änderungen;

Verpackungsverordnung) werden Transport-, Verkaufs- und Umverpackungen differenziert:

a) *Transportverpackungen* dienen dem Schutz der Packgüter auf dem Weg vom Hersteller zum Vertreiber und sollen einen rationellen Transport der Packgüter ermöglichen.

b) *Verkaufsverpackungen* umhüllen unmittelbar die Packgüter und erfüllen damit ihre Funktion bis zum Verbrauch derselben durch den Endabnehmer.

c) Als *Umverpackungen* werden zusätzliche Verpackungen um Verkaufsverpackungen bezeichnet. Sie erfüllen ihre Hauptaufgabe am Verkaufsort, indem sie die Abgabe von Packgütern im Zuge der Selbstbedienung erlauben, die Diebstahlgefahr reduzieren und als Werbungsträger fungieren.

3. Nach Verwendungshäufigkeit wird zwischen Mehrweg- und Einwegverpackung unterschieden.

Die verschiedenen Verpackungsarten können unterschiedliche *Anforderungen* an die Eigenschaften von Packmitteln und -stoffen stellen. Die Definition dieser Anforderungen gehört zum Aufgabenbereich der Verpackungsgestaltung.

Verpackungsfunktionen

Verpackungen üben eine Vielzahl von Funktionen für die zu verpackenden Produkte (die Packgüter) aus. Verpackungen stellen aus der Sicht der verpackenden Unternehmen keinen Selbstzweck dar, sondern erfüllen im Hinblick auf die Packgüter einen derivativen Zweck. Zu den Funktionsbereichen von Verpackungen zählen die Produktions-, Marketing-, Verwendungs- und die Logistikfunktion.

a) Im Rahmen der *Produktionsfunktion* ermöglicht die Wahl einer geeigneten Verpackung z. B. die Produktion direkt aus der oder in die Verpackung ohne Zwischenschaltung von Umschlagvorgängen.

b) Verpackungen dienen der *Marketingfunktion*, wenn sie z. B. als Imageträger eingesetzt werden.

c) Die *Verwendungsfunktion* bezieht sich auf eine mehrmalige Wiederverwendung der Verpackung für denselben Zweck, was den Aufbau von Rückführungssystemen für solche Mehrwegverpackungen in Zusammenarbeit mit den Lieferanten oder Kunden voraussetzt. Weiterhin umfasst die Verwendungsfunktion eine möglichst umweltschonende Beseitigung der Verpackungen.

d) Im Zuge der *Logistikfunktion* nehmen Verpackungen eine Schutz-, Lager-, Transport-, Manipulations- und Informationsfunktion wahr.

(1) Die *Schutzfunktion* erstreckt sich in qualitativer Hinsicht auf den Schutz des Packgutes gegen mechanische (Druck, Stoß) und klimatische Belastungen (Feuchtigkeit, Temperatur). Aus quantitativer Sicht sollen Verpackungen Verluste und Diebstahl der Packgüter verhindern.

(2) Die *Lagerfunktion* zielt auf die Erleichterung der Lagerung von Packgütern ab, indem Verpackungen eine Stapelung erlauben und damit zu einer besseren Lagerraumausnutzung beitragen. Weiterhin gehört zur Lagerfunktion die Abstimmung der Abmessungen der Verpackungen mit denen der Lagerbehälter.

(3) Im Rahmen der *Transportfunktion* übernehmen Verpackungen die Aufgabe, die Packgüter transportfähig zu machen und mittels standardisierter Abmessungen den Transportraum optimal zu nutzen.

(4) Die *Manipulationsfunktion* dient der Zusammenfassung der Packgüter zu Einheiten, die deren Handhabung bei der Auslieferung erleichtern. Da Manipulationsvorgänge stets zwischen Lager- und Transportprozesse geschaltet sind, erfordert die Bildung von Verpackungseinheiten auch die Berücksichtigung der Lager- und Transportfunktion der Verpackung.

(5) Die *Informationsfunktion* betrifft die Kennzeichnung von Verpackungen im Hinblick auf die Auftragszusammenstellung im Lager sowie

die Identifikation zerbrechlicher, verderblicher oder gefährlicher Packgüter. Bei einer Automatisierung von Transport- und Umschlagprozessen ermöglichen geeignete Informationen (z. B. Barcodes) auf den Verpackungen ein automatisches Erkennen der Packgüter.

Verpackungsgestaltung

Gesamtheit der zum Verpacken eines Packgutes notwendigen Arbeitsschritte im Zuge des Verpackungsprozesses sowie die Wahl von Packmitteln und -stoffen. Im Rahmen einer Prozessanalyse werden alle beim Verpacken anfallenden Teilprozesse identifiziert. Durch eine zielgerichtete Synthese dieser Teilprozesse zu Gesamtprozessen lassen sich bei der Verpackungsgestaltung große Rationalisierungspotenziale erschließen. Neben der Festlegung des Verpackungsprozesses müssen bei der Verpackungsgestaltung in Abhängigkeit von der Verpackungsart die Packmittel und -stoffe ausgewählt werden. Dazu gilt es zunächst, Anforderungen im Hinblick auf Form und Abmessung, Festigkeit und Formbarkeit, Dichtigkeit bzw. Durchlässigkeit sowie Oberflächen- und Stoffbeschaffenheit zu definieren, um darauf aufbauend den Beitrag einzelner Packmittel und -stoffe zur Erfüllung der Verpackungsfunktionen zu beurteilen. Eine einheitliche Form und standardisierte Abmessungen der Packmittel erleichtern sowohl den Verpackungsprozess als auch den gesamten Logistikprozess.

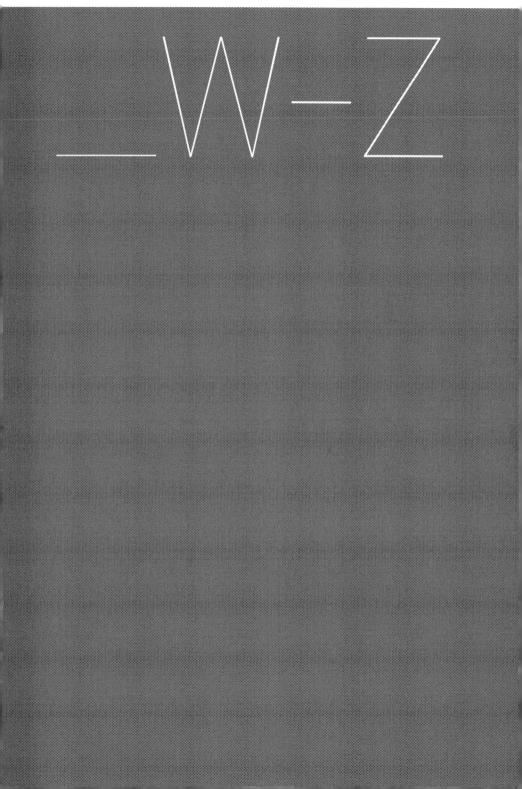
_W–Z

Wareneingang

Organisatorische Einheit mit den *Aufgaben:*

(1) Annahme der von extern gelieferten Güter;

(2) Feststellung, ob die gelieferten Güter mit Lieferschein und Bestellung übereinstimmen;

(3) informatorische Erfassung;

(4) Überprüfung der Quantität und Qualität.

Wasserstraße

1. *Begriff*: Weg des Schiffsverkehrs. Die durch Tonnen, Baken, Licht- oder Schallsignale gesicherten und durch Baggerung oder andere bauliche Maßnahmen schiffbar gehaltenen Flüsse, Seen, Meerengen, Hafenzufahrten sowie Binnen-, Küsten- und Hochseeschifffahrtskanäle (z. B. Nord-Ostsee-Kanal, Panama-Kanal, Suez-Kanal) sind überwiegend für jeden zur kostenpflichtigen Nutzung unter Beachtung geltender Vorschriften freigegeben.

2. *Recht und Organisation*: Das Bundeswasserstraßengesetz i.d.F. vom 23.5.2007 (BGBl. I 962) m.spät.Änd. unterscheidet Binnenwasserstraßen (etwa Rhein mit Neckar, Main, Mosel und Saar, Donau, Weser, Elbe und das Kanalsystem bis zur Oder) und Seewasserstraßen. Letztere sind die Flächen zwischen den Küstenlinien bei mittlerem Hochwasser oder der seewärtigen Begrenzung der Binnenwasserstraßen und der seewärtigen Begrenzung des Küstenmeeres. Eigentümer der Bundeswasserstraßen ist der Bund als Rechtsnachfolger der Reichswasserstraßen (vgl. Art 89 GG). Ihm obliegt auch die Verwaltung durch eine eigene Wasser- und Schifffahrtsverwaltung (vgl. Art. 87 I, 89 II GG).

Wechselbehälter

Wechselpritsche, Wechselaufbau; Güterbehälter als Laderaum von Lastkraftwagen, der mit Inhalt vom Fahrgestell getrennt, meist auf ausklappbaren Stützen abgestellt und als Ladeeinheit auf andere Lastkraftwagen-Fahrgestelle oder Eisenbahnwagen analog einem Container umgesetzt werden kann. Entsprechend ihrem Einsatz im Straßenverkehr betragen die Außenmaße der Wechselbehälter bei Höhe und Breite maximal 260 und 250 cm. Größte Verbreitung hat der nach DIN 70 013 genormte Aufbau mit Plane, 715 cm Länge, zulässigem Gesamtgewicht von 13.000 kg und Eckbeschlägen.

Werkverkehr

Güterverkehr mit eigenen Verkehrsmitteln, für eigene Zwecke und mit eigenem Personal; gesetzlich geregelt im Güterkraftverkehrsgesetz (GüKG).

Zentrallagerkonzept

Lagerkonzept, das die Beschaffungs- und/oder Absatzströme über zentrale Lager abwickelt.

Durch den damit möglichen Abbau dezentraler Lager werden folgende Zielsetzungen erreicht:

(1) Bündelung von Warenströmen (Transportkostenreduzierung – jedoch im Einzelfall unterschiedlich in der Beschaffungs- und Distributionslogistik);

(2) Verringerung der Lagerbestände im Gesamtsystem (Kapitalbindung);

(3) Reduzierung des Flächenbedarfs im Gesamtsystem (Investitionen);

(4) Ausnutzung von Größendegressionseffekten in der Lagerhaltung (Betriebskosten).

Mithilfe entsprechend reaktionsfähiger Informationssysteme können Zentrallager auch als bestandslose Transitterminals, die lediglich Umschlags- und Kommissionieraufgaben wahrnehmen, geführt werden (Cross Docking).

Zwischenlager

1. *Fertigungslager:* Lager unfertiger Erzeugnisse (Zwischenprodukte) zwischen zwei Bearbeitungsstufen bei mehrstufiger Fertigung.

2. *Umschlagslager:* Lager zu transportierender Güter zwischen zwei Transportphasen im Güterverkehr in Transportketten.